W. Wrede

Untersuchungen zum ersten Klemensbriefe

W. Wrede

Untersuchungen zum ersten Klemensbriefe

ISBN/EAN: 9783743438576

Hergestellt in Europa, USA, Kanada, Australien, Japan

Cover: Foto ©Thomas Meinert / pixelio.de

Manufactured and distributed by brebook publishing software
(www.brebook.com)

W. Wrede

Untersuchungen zum ersten Klemensbriefe

Untersuchungen

zum

ersten Klemensbriefe.

Inaugural-Dissertation

zur Erlangung

des Grades eines Licentiaten der Theologie

der hochwürdigen Theologischen Fakultät

der Georgia Augusta

vorgelegt

von

W. Wrede,
Pastor.

Göttingen 1891.

Druck der Dieterich'schen Univ.-Buchdruckerei

(W. Fr. Kaestner).

I.

Die im ersten Klemensbriefe vorausgesetzten Zustände der korinthischen Gemeinde.

Der erste s. g. Brief des Klemens trägt seinen Zweck an der Stirn geschrieben [1]) und bringt ihn wieder und wieder zum Ausdruck [2]). Es ist der ganz konkrete und bestimmte, in die in der korinthischen Gemeinde entstandenen Wirren ein ernst mahnendes, zur Schlichtung des Streites dienendes Wort hineinzurufen.

Für eine strenge Analyse des Schriftstückes kann es keinen bessern Führer geben als solche unmissverständlich klare Tendenz. Nicht oft ist man bei Urkunden dieser Art in der günstigen Lage, von vornherein den Gesichtspunkt so genau zu kennen, von dem aus alles aufgefasst und beurteilt sein will. Allein nimmt man eine solche Analyse wirklich vor, versucht man den Gedankengang psychologisch nachzukonstruieren, indem man jene Tendenz im Auge behält, so kann eine gewisse Diskrepanz zwischen dem, was man ihr zufolge erwarten sollte, und dem, was der Brief wirklich bietet, kaum verkannt werden.

Was ich hiermit meine, versuche ich zunächst im Folgenden zu erläutern.

So oft der Brief speziellere oder allgemeinere Ermahnungen an die Korinther richtet, so werden doch bestimmte Thatsachen, Vorgänge, Personen nur sehr wenig berührt, geschweige denn eingehender besprochen. Abgesehen von c. 1—3 und c. 14 geben uns wesentlich nur einige Partien von c. 44 an in unverhüllter Weise Thatsächliches über die korinthische Gemeinde an die Hand. Auffallender ist es, wie wenig direkt der Verfasser überhaupt in

---

1) Vgl. 1₁: βράδιον νομίζομεν ἐπιστροφὴν πεποιῆσθαι περὶ τῶν ἐπιζητουμένων παρ' ὑμῖν πραγμάτων κτλ. Ich zitiere nach der Ausgabe von v. Gebhardt und Harnack: Patrum apostolicorum opp. Fasc. I part. I ed. II 1876.

2) Man vergleiche nur, welche Rolle die Begriffe ὁμόνοια und εἰρήνη im ganzen Schreiben spielen. S. Index vocab. bei Gebh.-Harnack.

grossen Teilen seines Schreibens auf das bestimmte Ziel losgeht.
Man weiss oft nicht, ist es ihm darum zu thun, etwas auf die
besondern Zustände der Schwestergemeinde Bezügliches zu sagen
und das Gesagte zu begründen, oder nimmt er den speziellen Fall
nur zum Ausgangspunkt und Anlass für mancherlei oft sehr allgemeine Anweisungen und Belehrungen. Ja in einigen Kapiteln
scheint er völlig zu vergessen, was ihn eigentlich zum Schreiben
veranlasste; es verschwindet jede durchsichtige Beziehung auf
den praktischen Zweck des Briefes.

Dies gilt allerdings wesentlich nur für den (grösseren) ersten
Teil des Briefes; denn von c. 37 an wird die Darstellung unleug-
bar bestimmter und straffer, wie der Ton persönlicher wird [1]).
Aber für die vorhergehenden Partien gilt es auch in hohem Grade.

Ueberblicken wir den Zusammenhang in seinen Hauptzügen.
Was im Anfange über den früheren und gegenwärtigen Zu-
stand der Gemeinde (c. 1—3), über die Verderblichkeit des ζῆλος
(c. 4—6), über die μετάνοια (c. 7. 8), über den Gehorsam gegen
den göttlichen Willen (c. 9 f.) gesagt wird, bereitet dem Verständ-
nisse keine Schwierigkeiten. Auch die Mahnung zur ταπεινοφρο-
σύνη in c. 13 ist in ihrer Beziehung auf Leute, welche Klemens
selbst als πρόσωπα προπετῆ καὶ αὐθάδη bezeichnet (1₁), deutlich
genug. Wie aber ist es zu verstehn, dass in c. 10₇—12 die
Beispiele des Abraham, Lot und der Rahab angezogen werden,
um den Wert der πίστις (bezw. εὐσέβεια) und φιλοξενία zu ver-
anschaulichen? Das Auftreten dieses Begriffspaares und im Besondern der φιλοξενία ist für den Leser immer wieder überraschend.
Man sieht zwar ein, dass die Tugend der Gastlichkeit auch zu
der ὑπακοή gegen Gott gerechnet werden kann, von der c. 9 u. 10
die Rede war, man begreift demnach, wie das διὰ πίστιν καὶ φι-
λοξενίαν ἐδόθη αὐτῷ υἱός dem folgenden δι' ὑπακοῆς προσήνεγκεν
αὐτόν (10₇) parallel stehen kann; aber man begreift nicht, was
für ein Interesse den Schreiber gerade auf jene spezielle Tugend bringt. Vorausgesetzt, dass er nicht auch diese Kapitel,
ohne es zu sagen, auf die Korinther münzte, um sie eines Man-
gels an Gastfreundschaft zu bezichtigen, muss man glauben, dass
er sehr äusserlich, nämlich durch den Verfolg der biblischen Beispiele, auf die Sache geführt wurde. Bei der Geschichte Abrahams,
welche er im 10. Kapitel durchgeht, erinnerte er sich auch der
von ihm bewiesenen Gastlichkeit; diese brachte ihn dann wieder
auf zwei andere Beispiele, welche die gleiche Lehre enthielten.
Gemildert wird der Eindruck, dass hier eine Abschweifung vor-

---

1) Dass Klemens selbst einen „allgemeinen" und einen „speziellen"
Teil habe geben wollen, würde gleichwohl eine ganz unbegründete Annahme sein.

liegt, höchstens dadurch, dass φιλοξενία immerhin als Erweisung
der Bruderliebe in einiger Verwandtschaft zur Friedfertigkeit steht.
Der Fortschritt der Gedanken von c. 13—22 ist wiederum
im Ganzen klar. Demut und Milde (c. 13), Gehorsam gegen Gott
(c. 14), Friedfertigkeit ohne Heuchelei (c. 15), wiederum Demut
(c. 16—19), Eintracht und Frieden nach dem Vorbilde der Gott
gehorsamen Schöpfung (c. 19 [1]) u. 20), Furcht Gottes Schöpferwohl-
thaten einzubüssen, Gedenken an seine Nähe, dem entsprechendes
Trachten nach der Verwirklichung des rechten Gemeindelebens
(c. 21) sind hier die besonders hervortretenden Dinge. Allein das
Folgende entfernt sich zum Teil doch recht weit von diesen dem
Hauptgedanken des Verfassers angehörenden oder naheliegenden
Themen [2]). Klemens bemerkt im Anfang von c. 23, dass Gott
denen, die ihn fürchten, sich barmherzig beweist, und denen, die
ihm mit einfältigem (d. h. nach 23 $_2$ zweifelsfreiem) Sinne nahen,
seine Gnaden zuteilt. Aber was man nach diesem sich leicht und
natürlich an die letzten Worte des vorhergehenden Zitats (22 $_{7.8}$)
anschliessenden Gedanken nicht erwartet, ist die Erörterung über
den Zweifel an dem Kommen des Herrn und an der Auferstehung.

---

1) In c. 19$_2$ tritt den μεγάλαι καὶ ἔνδοξοι πράξεις der alttestamentlichen Vorbilder (nicht „den grossen Thaten der christlichen Offenba-
rung", wie Hilgenfeld, Die apostolischen Väter (1853) S. 59 umschreibt)
das Vorbild der Schöpfung gegenüber, in welcher sich Gottes gütige,
auf den Frieden gerichtete Gesinnung spiegelt (19$_3$). Hiernach sind
die Worte ἐπαναδράμωμεν ἐπὶ τὸν ἐξ ἀρχῆς παραδεδομένον ἡμῖν τῆς εἰρή-
νης σκοπόν zu fassen; ἐξ ἀρχῆς bezieht sich, wie das Folgende lehrt,
auf den Anfang der Welt.

2) C. 22 heisst es, dass der Glaube an Christus das zuvor Gesagte
bestätige. Dass hiermit keinerlei Gegensatz sachlicher Art zum Vorhergehenden und kein Fortschritt über dasselbe hinaus gemeint ist, ergiebt sich schon aus dem folgenden alttestamentlichen Zitat (Ps. 34 $_{12}$ ff.),
welches nach des Verfassers Anschauung von Christus selbst zu den
Christen geredet ist, und welches ganz den vorhergehenden Mahnungen
entspricht. (Vgl. z. B. δεῦτε τέκνα κτλ. mit 21$_6$, παῦσον τὴν γλῶσσάν σου
κτλ. mit 21$_7$: τὸ ἐπιεικὲς τῆς γλώσσης.) Unrichtig ist daher, was Hilgenfeld in seiner Analyse a. a. O. S. 62 ff. über den Sinn und die Dispo-
sition der folgenden Kapitel bemerkt. Mit c. 22 soll ein „2ter Brief-
teil" beginnen, den er „die Gnade Gottes und die Bedingungen der
Teilnahme an ihr" (c. 23—36) überschreibt. Der Verf. habe bisher von
dem allgemein sittlichen Verhalten gehandelt, nun entwickle er das
praktische Verhalten, welches der Religion der Gnade (cf. τὰς χάριτας
αὐτοῦ 23$_1$ [!]) entspreche. Dies sei ein ganz natürlicher Fortschritt.
„Ganz passend" rede Kl. dann zuerst von der zukünftigen Vollendung
der Gnade, darauf von der gegenwärtigen Gnade. Aber spezifisch
Christliches und allgemein Sittliches ist für Kl. überhaupt materiell
kein Gegensatz; den Begriff „Religion der Gnade" einzuführen, hat für
ihn keinen Sinn. Hilgenfeld passt dem Briefe ein logisches Schema
auf, in das er sich allenfalls mühsam hineinfügt, das aber ihm selbst
nicht entnommen ist.

Und diese Erörterung ist nicht ein flüchtiges Abbiegen vom Wege, vielmehr wird sie in ziemlicher Breite vom 23. bis 27. Kapitel fortgeführt. Man hat zwar die Sache so dargestellt, als wolle Klemens seine Mahnungen zur Gottesfurcht und zum heiligen Wandel durch den Hinweis auf die christliche Hoffnung stützen [1]). Allein die Fingerzeige hierfür sind im Texte selbst nicht zu finden, und die Form jenes Hinweises wäre unter dieser Voraussetzung recht sonderbar. Die nächstliegende Annahme ist die, dass Klemens, auf das Thema vom Zweifel an der Zukunft einmal geraten, bei ihm verweilt, weil ihm der Gedanke überhaupt geläufig ist und wichtig erscheint [2]).

Im Folgenden lesen wir nach einem Hinweise auf die göttliche Gegenwart, der niemand entfliehen kann (c. 28), Mahnungen zur Gottesfurcht, zur Liebe Gottes, zur Heiligung, zur Eintracht und Demut (c. 28—30). Mit dem Schlusssatze von c. 30 kommt die Rede auf den göttlichen Segen und „die Wege des Segens". Hierfür werden die Beispiele der Patriarchen und ihrer Nachkommen angeführt. Aus diesen aber wird (32 3 f.) der Schluss gezogen, dass alle nicht durch ihre eignen Vorzüge, sondern durch Gottes Willen herrlich gemacht wurden, und diesem Gedanken, der in die Formel von der Rechtfertigung durch den Glauben ausläuft, tritt dann (c. 33) als eine Abwehr möglicher antinomistischer Konsequenz die Aufforderung zu guten Werken gegenüber. Bei diesem Thema verweilt Klemens, indem er auf die Freude, welche Gott an seinem eignen (Schöpfungs-) Werke hat, verweist und die Zuversicht, die der gute Arbeiter dem Lohngeber gegenüber hat, hervorhebt. Klingt dann diese Aufforderung zur ἀγαθοποιία in eine abermalige Empfehlung des Gehorsams gegen Gott und der Eintracht aus (34 5 f.), so wendet sich der Gedanke alsbald (34 7) zu der Grösse der göttlichen Geschenke, welche denen sicher sind, die auf ihn harren, um sogleich wieder in eine den früheren ähnliche Mahnung überzugehen. Letztere wird mit dem Zitat aus Ps. 50 16—23 gestützt und abgeschlossen; seine Schlussworte führen [3]) den Verf. auf Christus [4]), der unser σωτήριον ist

---

1) S. Gundert, Der 1. Brief des Clem. Rom. I. Ztschr. für die luther. Theol. u. Kirche 1853 S. 657.

2) Von Einfluss wird dabei der erste Korintherbrief des Paulus gewesen sein, an dessen 15. Kap. c. 24 deutliche Anklänge enthält; vgl. 1. Kor. 15 20. 23 zu ἀπαρχή, 1. Kor. 15 38 ff. zu σπόρος und γυμνά (σπέρματα). Weiteres über Benutzung von 1. Kor. s. unten.

3) Ueber die Art, wie Klemens durch Schriftworte den Gedankenfaden weiter zu spinnen liebt, s. Lightfoot, S. Clement of Rome. An appendix. London 1877 S. 438. (Dies die Fortsetzung der 1869 erschienenen trefflichen Ausgabe Lightfoots: ‚S. Clement of Rome'.)

4) Gundert a. a. O. S. 657: „Hier, bei Christus, um welchen sich das

(vgl. vorher: ἐκεῖ ὁδός, ἣν δείξω αὐτῷ τὸ σωτήριον τοῦ θεοῦ); es wird gezeigt, was die Christen durch ihn haben, und dies wird in Worten und Zitaten aus Hebr. 1 mit seiner die Engel überragenden Würde begründet.

Uebersehen wir diesen nur kurz skizzierten Gedankengang von c. 28—36, so ist ja nicht zu leugnen, dass der Verf. immer wieder zu früheren Themen zurücklenkt und sich einigermassen in dem Kreise naheliegender, wenn auch allgemeiner Gedanken hält. Allein ebenso deutlich ist doch auch, dass manches den Charakter der Abschweifung trägt, und man hat die Empfindung, dass der Schreiber öfter nur durch zufällige Assoziationen geleitet, einen Gedanken an den andern reiht, daher auch sich oft wiederholt. Im Einzelnen finden wir dieselbe Eigentümlichkeit, welche der Gedankenfortschritt im Grossen aufweist. Die vielen Mahnungen zum Gehorsam, zur Gottesfurcht u. s. w. wird man geneigt sein als allgemeine Ausdrücke mit sehr speziellem Sinne zu nehmen; Gott fürchten kann ja für Streitende so viel heissen als Frieden halten. Aber gelegentlich scheint es doch, als ob die allgemeinen Ausdrücke wirklich allgemein gemeint seien. Sehen wir von dem im Wesentlichen aus Röm. 1 ₂₉₋₃₂ genommenen Sündenregister in c. 35 ₅ ganz ab; jedenfalls umfasst das andere, welches wir 30 ₁ lesen, nicht blos Dinge, die leicht auf korinthische Verhältnisse zu deuten sind, wie καταλαλιαί, νεωτερισμοί, βδελυκτὴ ὑπερηφανία, sondern neben ihnen auch ganz anderes, wie μιαραὶ καὶ ἄναγνοι συμπλοκαί, μέθαι, βδελυκταὶ ἐπιθυμίαι, μυσερὰ μοιχεία. Ebenso klingt manches in c. 33—35 nicht danach, als ob nur verhüllte Mahnungen zur Demut oder zur Unterordnung unter das kirchliche Amt ausgesprochen wären. Vielmehr scheint dem Verfasser (vgl. z. B. 34 ₁ und das wiederholte πᾶν ἔργον ἀγαθόν) über einer ganz lehrhaften Erörterung über gute Werke der Gedanke an die Verhältnisse der Leser ganz zu entschwinden. Doch ich will diese Beispiele nicht vermehren.

In denjenigen Teilen des Briefes, welche Mahnungen zur Demut, zum Gehorsam, zur Busse, zur Eintracht an die Korinther richten, also namentlich in c. 1—22, ist der Nachdruck, die Dringlichkeit der Aufforderungen nicht bedeutend; es überwiegt das Bestreben, sie lehrhaft zu begründen, von ihrer Richtigkeit zu überzeugen. Dazu wird besonders in ausführlicher Weise Wort und Beispiel des alten Testaments verwertet. Eine Erörterung z. B. wie die über die Busse (c. 7 ff.) sieht eher wie ein Stück

---

ganze Leben der Gläubigen als um den Einen grossen Mittelpunkt bewegt, hat der 2. Teil seinen Culminationspunkt erreicht". So wird Klemens selbst dieses 36. Kapitel nicht angesehen haben.

einer Predigt aus, denn wie eine Aufforderung ad hominem, von einer bestimmten Verirrung umzukehren.

Hat man unserm Briefe wohl einen „stetigen, planmässigen Zusammenhang"[1]) nachgerühmt, von der „innern Anlage und dem stetigen Fortschritte des Ganzen"[2]) geredet oder den Brief ein „wohlgeordnetes Ganze"[3]) genannt, so sind das gewiss Uebertreibungen. Wenigstens hat bisher noch niemand eine Gedankenentwicklung nachgewiesen, die wirklich planmässig heissen dürfte; und soviel hätte man den Bestreitern der Integrität des Briefes, deren Interpolationshypothesen ja freilich mit Recht verschollen sind, immer zugestehen können, dass den Bedenken, die sie dem mangelhaften Gedankenfortschritte entnehmen, einige richtige Beobachtungen zu Grunde lagen[4]). Aber andrerseits wird man die Darstellung, wenn man nicht pedantische Massstäbe mitbringt, auch nicht einfach zerfahren nennen. Im Vergleich mit ähnlichen altchristlichen Schriftstücken ist der Klemensbrief in seinen einzelnen Teilen mit ziemlicher Klarheit geschrieben, die verschiedenen Gedankengruppen sind immer wenigstens irgendwie verbunden, und im Grossen und Ganzen fällt der leitende Faden dem Schreiber nicht aus den Händen. Doch auf den allgemeinen literarischen Charakter des Briefes kam es uns bei den vorstehenden Ausführungen überhaupt nicht an. Nur das Eine wollten wir schärfer als gewöhnlich betonen, dass der wirkliche Inhalt des Briefes zu seinem durchaus bestimmten, einheitlichen, kasuellen Zwecke in einem gewissen Kontraste steht. Man hat sich, soweit man überhaupt von der Allgemeinheit seines Inhalts Notiz nahm, wohl nicht genug über sie gewundert. Und doch ist es nicht selbstverständlich, dass die römische Gemeinde bei diesem Anlass in dieser Art das Wort nimmt.

Aber zu lange schon hat man ungeduldig gefragt, was denn diese Eigentümlichkeit des Briefes mit den damaligen Zuständen der korinthischen Gemeinde zu schaffen habe, die wir untersuchen wollen. Ich glaube doch, dass einiger Zusammenhang zwischen beiden Punkten besteht. Wenn es für die Erkenntnis jener Zustände eine wichtige Frage ist, wie weit Klemens über sie unter-

---

1) Gundert a. a. O. S. 655. Das vorsichtigere Urteil S. 656 hat Harnack, Prolegg. p. XLVII mit Recht noch eingeschränkt.
2) Hilgenfeld a. a. O. S. 54.
3) Uhlhorn, Art. ‚Clemens von Rom' in Herzogs Realencyklopädie ²III S. 254.
4) Vgl. bes. J. L. Mosheim, Institutt. hist. christ. maiores saec. I. Helmst. 1739 p. 215. Ueber c. 11 u. 12 z. B.: capite XI et XII (Clemens) ad fidem et hospitalitatem accedit: in quo nulla plane apparet cohaerentia cum antecedentibus. Ueber die Integrität des Briefes s. Harnack, Prolegg. p. XLIX sq.

richtet war, so ist für das Urteil über diese Frage nicht gleich-
giltig die Einsicht in den Charakter des ganzen Schreibens. Klar
werden kann dies erst später. Zweckmässig jedoch erschien es,
dass der Eindruck der besprochenen Haltung des Briefes die folgende Untersuchung von Anfang an begleite. Freilich wird später dann auch die bisher nicht berücksichtigte Möglichkeit noch
zu erwägen sein, ob nicht manches unbestimmt oder fremdartig
erscheinende Wort doch eine scharfe Spitze berge gegen Gebre-
chen der korinthischen Gemeinde. Zunächst wenden wir uns unserer eigentlichen Aufgabe zu: zu ermitteln, welches Bild von
den Zuständen und Vorgängen im damaligen Korinth aus dem
Briefe zu gewinnen ist.

Der festen Punkte, von denen man für die Untersuchung
ausgehen kann, sind nicht viele. Wir stellen sie kurz zusammen.

1) Der ganze Streit in Korinth drehte sich irgendwie um
die Autorität und Stellung der Presbyter. Es wird seine Quint-
essenz genannt, wenn Klemens ihn als ‚Aufruhr' gegen die Presbyter bezeichnet (47₆; vgl. 1₁ 3₂ 46₉ 51₁ 54₂ 57₁ 63₁). Alles
andere, was an Unordnung etwa noch vorkam, ist dem gegenüber accessorisch.

2) Einige der Presbyter wurden von der aufgeregten Gemeinde von ihrem Posten entfernt[1]).

3) In der Hauptsache stand die Gemeinde, mag auch eine
kleine Minorität, von der wir übrigens nichts erfahren, in Abzug
zu bringen sein, den Presbytern feindlich gegenüber. Das folgt
nicht nur daraus, dass Klemens kurzweg sagt, „die Gemeinde"
lehne sich auf gegen die Presbyter (47₆), sondern bestimmter
noch daraus, dass einige Presbyter abgesetzt werden konnten.

4) Die eigentliche Seele des Aufstandes waren einige wenige
Personen (ὀλίγα πρόσωπα 1₁; ἕν ἢ δύο πρόσωπα 47₆). Sie haben
den Streit ursprünglich erregt[2]) und sind auch nachher die Führer der Bewegung, wie die ganze Darstellung des Klemens erkennen lässt.

5) Völlig klar ist im Ganzen die Stellung, welche der Verf.
des Schreibens in der Streitsache einnimmt. Er untersucht keinen

---

1) 44₆: ὁρῶμεν γὰρ ὅτι ἐνίους ὑμεῖς μετηγάγετε καλῶς πολιτευσαμέ-
νους ἐκ τῆς ἀμέμπτως αὐτοῖς τετιμημένης λειτουργίας.
2) 14₁: τοῖς ἐν ἀλαζονείᾳ καὶ ἀκαταστασίᾳ μυσεροῦ ζήλους ἀρχηγοῖς.
51₁: οἵτινες ἀρχηγοὶ στάσεως καὶ διχοστασίας ἐγενήθησαν. 57₁: οἱ τὴν
καταβολὴν τῆς στάσεως ποιήσαντες. Letzterer Ausdruck wird von Harnack Theol. Lit.-Ztg. 1889 Sp. 424 irrtümlich als einfache Umschreibung
der ‚Jungen' (νέοι) genommen.

Augenblick und wägt nicht ab, sondern vertritt ohne Schwanken die kirchliche Ordnung, die Sache der Amtsträger gegen die Gemeinde. Obwohl kein Anlass vorliegt, ihn der Unwahrhaftigkeit zu beschuldigen, so darf er doch keinesfalls als objektiver Berichterstatter gelten. Er ist, aus wie guten Gründen immer, Partei, und uns erscheinen daher die korinthischen Verhältnisse nur in der Beleuchtung, in welcher er sie sieht und sehen lässt. Dies ist m. E. mehr zu beachten, als geschehen ist [1]).

Suchen wir von diesen Punkten aus weiter vorzudringen, so müssen wir zuerst nach dem Verfassungsboden fragen, auf dem die ganze Kontroverse entstand.

Die lebhaften Verhandlungen, welche in den letzten Jahren wieder über die altchristliche Gemeindeverfassung geführt worden sind, zeigen, wie sehr man für das zerstreute, lückenhafte und vieldeutige Material auf Kombination angewiesen ist, und wie sehr das Urteil über eine einzelne Quelle von der Gesamtauffassung bedingt wird. Das kann es als misslich erscheinen lassen, eine Urkunde isoliert zu betrachten. Andrerseits liegt darin wieder ein eigentümliches Recht zu solcher Betrachtung: sie mag deshalb nicht ganz ohne korrektiven Wert sein, weil das Interesse, ein Gesamtbild zu konstruieren, es thatsächlich oft erschwert, den für die unbefangene Deutung dieser oder jener Stelle nächstliegenden Sinn zur Geltung kommen zu lassen. Und gerade der Klemensbrief erlaubt eine isolierende Betrachtung eher als Schriften, deren Entstehungszeit unsicherer ist, deren innere Einheit in Frage steht, deren historischer Anlass mehr im Dunklen liegt.

In diesem Sinne versuchen wir hier unter Berücksichtigung der neuesten Arbeiten [2]) den Thatbestand im Klemensbriefe noch

---

1) Richtig Jacobi, Die beiden Briefe des Klemens von Rom (Theol. Studd. u. Kritt. 1876 S. 715): „Endlich ist es für Rom charakteristisch, dass sich der Brief, ohne das Recht der streitenden Parteien zu prüfen, sofort auf die Seite des Vorstandes stellt".

2) Vergl. besonders:

E. Hatch, Die Gesellschaftsverfassung der christl. Kirchen im Altertum. Uebersetzung mit Analekten von A. Harnack 1883.

Harnack, Die Lehre der 12 Apostel nebst Untersuch. zur ältesten Geschichte der Kirchenverfassung und des Kirchenrechts (in Gebhardt u. Harnack, Texte und Untersuch. zur Gesch. der altchristl. Literatur Bd. II $_{1,2}$ 1884).

Weizsäcker, Das apostol. Zeitalter u. s. w. 1886.

Seyerlen, Entstehung des Episkopats u. s. w. in der Ztschr. für prakt. Theol. 1887 (IX).

E. Loening, Die Gemeindeverfassung des Urchristentums 1889. Dazu die Anzeige von Harnack in der Theol. Lit.-Ztg. 1889 Sp. 417 ff.

F. Loofs, Die urchristl. Gemeindeverf. mit spez. Beziehung auf Loening u. Harnack. (Theol. Studd. u. Kritt. 1890 S. 619 ff.)

Letztere Abhandlung hat das Verdienst, kräftig betont zu haben, wie

einmal zu fixieren, da wir uns weder ohne Weiteres auf eine einzelne Darstellung mit völliger Zustimmung beziehen noch in dem Rahmen dieser Abhandlung an eine das übrige Material auch nur einigermassen heranziehende Darstellung denken können.

Vier Namen sind es, mit welchen bei Klemens die Träger von Gemeindeämtern bezeichnet werden: $\dot{\eta}\gamma o\acute{u}\mu\epsilon\nu o\iota$ (1s) bezw. $\pi\rho o\eta\gamma o\acute{u}\mu\epsilon\nu o\iota$ (21s), $\pi\rho\epsilon\sigma\beta\acute{u}\tau\epsilon\rho o\iota$, $\dot{\epsilon}\pi\acute{\iota}\sigma\kappa o\pi o\iota$ und $\delta\iota\acute{a}$-$\kappa o\nu o\iota$. Auf die richtige Deutung dieser Namen kommt es allererst an.

Bezüglich des erstgenannten vorweg eine kurze Bemerkung. Wie ich glaube, haben wir zu konstatieren, dass er sich ausser an den beiden angeführten Stellen noch an einer dritten findet. Das lässt nämlich die Texterweiterung vermuten, welche die syrische Handschrift gegenüber der konstantinopolitanischen in c. 63₁ darbietet. Lightfoot hat sie seinem Texte einverleibt[1]), und auch v. Gebhardt[2]) rechnet sie zu den genuina scriptoris verba aut certe lectiones non neglegendae. In der That ist kein Grund, ihre Ursprünglichkeit für unwahrscheinlich zu halten. Die Stelle lautet in der griechischen Form, die ihr, soweit die syrische HS. allein in Frage kommt, Lightfoot gegeben hat: $\theta\epsilon\mu\iota\tau\grave{o}\nu$ $o\grave{u}\nu$ $\dot{\epsilon}\sigma\tau\iota\nu$ $\tau o\~\iota\varsigma$ $\tau o\iota o\acute{u}\tau o\iota\varsigma$ $\varkappa\alpha\grave{\iota}$ $\tau o\sigma o\acute{u}\tau o\iota\varsigma$ $\dot{u}\pi o\delta\epsilon\acute{\iota}\gamma\mu\alpha\sigma\iota\nu$ $\pi\rho o\sigma\epsilon\lambda\theta\acute{o}\nu\tau\alpha\varsigma$ $\dot{u}\pi o\theta\epsilon\~\iota\nu\alpha\iota$ $\tau\grave{o}\nu$ $\tau\rho\acute{a}\chi\eta\lambda o\nu$ $\varkappa\alpha\grave{\iota}$ $\tau\grave{o}\nu$ $\tau\~\eta\varsigma$ $\dot{u}\pi\alpha\kappa o\~\eta\varsigma$ $\tau\acute{o}\pi o\nu$ $\dot{a}\nu\alpha\pi\lambda\eta\rho\acute{\omega}\sigma\alpha\nu\tau\alpha\varsigma$[3]) $\pi\rho o\sigma\kappa\lambda\iota\theta\~\eta\nu\alpha\iota$ $\tau o\~\iota\varsigma$ $\dot{u}\pi\acute{a}\rho\chi o\upsilon\sigma\iota\nu$ $\dot{a}\rho\chi\eta\gamma o\~\iota\varsigma$ $\tau\~\omega\nu$ $\psi\upsilon\chi\~\omega\nu$ $\dot{\eta}\mu\~\omega\nu$ $\varkappa\tau\lambda$. So wiedergegeben sagt der Text freilich nichts von $\dot{\eta}\gamma o\acute{u}\mu\epsilon\nu o\iota$. Allein das $\dot{a}\rho\chi\eta\gamma o\~\iota\varsigma$ wird durch $\dot{\eta}\gamma o\upsilon\mu\acute{\epsilon}\nu o\iota\varsigma$ zu ersetzen sein. Das wird durch Lightfoots Note z. St. selbst an die Hand gegeben. Er bemerkt nämlich, das syrische מרברנא (= 'ductores') entspreche gewöhnlich dem $\dot{o}$ $\dot{\eta}\gamma o\acute{u}\mu\epsilon\nu o\varsigma$ (bei Klemens: c. 1, 32, 37 bis, 55), er führt selbst an, dass in c. 14 und 51, wo von den $\dot{a}\rho\chi\eta\gamma o\grave{\iota}$ $\zeta\acute{\eta}\lambda o\upsilon\varsigma$ $(\sigma\tau\acute{a}\sigma\epsilon\omega\varsigma)$ die Rede ist, der Syrer ein anderes Wort hat; dennoch wählt er die angegebene Uebertragung, um einen verschwiegenen Gegensatz zwischen jenen $\dot{a}\rho\chi\eta\gamma o\grave{\iota}$ $\zeta\acute{\eta}\lambda o\upsilon\varsigma$ und den rechtmässigen Leitern der Gemeinde herauszubekommen[4]). Aber man kann doch der Stelle nicht a priori ein solches Akumen vindizieren. Sonach ist die Uebersetzung $\dot{\eta}\gamma o\acute{u}\mu\epsilon\nu o\iota$ $\tau\~\omega\nu$ $\psi\upsilon\chi\~\omega\nu$ $\dot{\eta}\mu\~\omega\nu$ die allein naheliegende[5]). Die Stelle träte mithin in die

weiter Spielraum in der ganzen Frage der Konstruktion gelassen ist, und wie wenig wir von sicheren Resultaten reden können.

1) Vgl. Appendix S. 298.
2) S. 2. Ausgabe des Barnabasbriefs (Patr. app. opp.) p. V n. 2.
3) C: $\dot{a}\nu\alpha\pi\lambda\eta\rho\~\omega\sigma\alpha\iota$; das folgende allein bei S.
4) Uebrigens ist $\dot{a}\rho\chi\eta\gamma o\acute{\iota}$ von Lightfoot wohl irrig durch 'leader' übersetzt (S. die Uebersetzung im Append. S. 352 u. 372). Es heisst c. 14 u. 51 'Anfänger' (vgl. 57₁).
5) Statt $\pi\rho o\sigma\kappa\lambda\iota\theta\~\eta\nu\alpha\iota$ dann vielleicht $\varkappa o\lambda\lambda\~\alpha\sigma\theta\alpha\iota$?

nächste formelle Verwandtschaft zu Hebr. 13 17, wo es von den ἡγούμενοι der Gemeinde heisst: ἀγρυπνοῦσιν ὑπὲρ τῶν ψυχῶν ὑμῶν: ein Ausdruck, der zugleich die Genetivverbindung ἡγούμενοι τῶν ψυχῶν gut erläutert.

Klar tritt vor allem das Eine hervor, dass da, wo von den Personen gesprochen wird, gegen welche sich der Aufruhr richtete, die Bezeichnungen πρεσβύτεροι und ἐπίσκοποι · wechseln. Von derselben Auflehnung ist es gesagt, dass sie sich richte gegen die πρεσβύτεροι (47 6), und dass die Apostel vorausgesehen hätten, ὅτι ἔρις ἔσται ἐπὶ τοῦ ὀνόματος τῆς ἐπισκοπῆς (44 1). Und wird von denen, die die Apostel oder nach ihnen ἐλλόγιμοι ἄνδρες einst zu Episkopen und Diakonen eingesetzt (42 4 f. 44 3 f.), behauptet, es sei Sünde, sie von der ἐπισκοπή zu entfernen, so sind unverkennbar Personen gleicher Qualität und gleichen Ranges gemeint mit der Seligpreisung derjenigen πρεσβύτεροι, welche schon aus diesem Leben geschieden und so einer Absetzung aus dem Wege gegangen sind (44 5, vgl. noch 54 2 und 57 1). Hierüber ist kein Streit.

Auch darüber nicht, dass Klemens einen Gebrauch des Wortes πρεσβύτερος kennt, wonach es nur im nichtamtlichen Sinne verstanden werden kann. In den beiden parallelen Stellen c. 1 und 21 werden uns nämlich die Klassen und Stände genannt, welche in einer Gemeinde zu unterscheiden sind: dort hören wir von ἡγούμενοι, πρεσβύτεροι, νέοι, γυναῖκες, hier — vollständiger — von προηγούμενοι, πρεσβύτεροι, νέοι, γυναῖκες, τέκνα, denen allen als Haupt und Spitze der κύριος Ἰησοῦς vorgeordnet wird. Dass hier nicht mit πρεσβύτεροι n e b e n den ἡγούμενοι ein zweites Amt genannt ist, beweist ihre Zusammenstellung mit den νέοι. Wenn in Bezug auf diese c. 1 anerkannt wird, dass man sie einst zu massvollem und anständigem Sinne anhielt, c. 21 gefordert wird, dass man sie erziehe in der Zucht der Gottesfurcht, so wird für die πρεσβύτεροι verlangt, was dem Alter gebührt: Ehrerbietung (τιμή) [1]. Sie sind also die Klasse der „Alten"; fehlte diese in der Aufzählung, so wäre sie geradezu lückenhaft.

Aber wie soll man es nun deuten, dass in demselben Briefe derselbe Name (πρεσβύτεροι) mit dem Episkopentitel alterniert; und dass er andererseits eine von den Beamten (ἡγούμενοι[2])) verschiedene n a t ü r l i c h e Gruppe in der Christengemeinde bezeichnet?

---

1) Für die ἡγούμενοι hingegen Gehorsam (c. 1) und Respekt (c. 21: αἰδεσθῶμεν).

2) Ob mit diesen ἡγούμενοι die ἐπίσκοποι u n d διάκονοι gemeint sind, kann an sich streitig sein. S. unten. Unter allen Umständen sind es in erster Linie die ἐπίσκοποι. Harnack hatte früher (s. Prolegg. zur Didache S. 95, 103, 111, auch Dogmengesch. I² S. 182, vgl. Loofs a. a. O. S. 636), die ἡγούμενοι bei Klemens (und in andern Schriften) auf die professionsmässigen Propheten und Lehrer gedeutet, hat diese Auffassung neuer-

Es giebt folgende Möglichkeiten. Entweder gebraucht Klemens πρεσβύτερος als ein Ehrenprädikat für die, welche ihrem eigentlichen Titel nach ἐπίσκοποι (und διάκονοι?) heissen; der Sprachgebrauch ist dann einheitlich, πρεσβύτερος heisst immer der ‚Alte‘, ist nirgends Amtsname und weist nur darauf hin, welcher Gruppe der Gemeinde die ἐπίσκοποι entstiegen und zugerechnet wurden. Oder man konstatiert einen zweifachen Sprachgebrauch: Klemens denkt hier an die Altersklasse, dort an die Amtsträger. In diesem Falle aber wäre wiederum ein Doppeltes denkbar. Es· kann entweder πρεσβύτερος einfach ein zweiter Name für die Episkopen sein; oder es ist, obwohl auch so Amtsbezeichnung, weiteren Umfangs als ἐπίσκοπος; der gemeinsame Name für ἐπίσκοποι und διάκονοι.

Die zuerst genannte Auffassung, welche Weizsäcker[1]) und Harnack[2]) vertreten, wird von Loening[3]) und Loofs[4]) bestritten. Sie erscheint auch uns als die unwahrscheinlichste.

An den 4 Stellen des Briefes, wo unter πρεσβύτεροι zweifellos die Amtsträger zu verstehen sind, nämlich 44₅ 47₆ 54₂ 57₁ (vgl. auch 55₄), soll also der Name doch nicht Amtsname, sondern „ehrende Altersbezeichnung" sein. Diese Meinung ist nicht haltbar. An sich wäre es doch schon merkwürdig, wenn Klemens so oft ein blosses Attribut zur indirekten Bezeichnung

---

dings aber mit Recht aufgegeben (Theol. Lit.-Zeitung 1889 Sp. 419 Anm. 2). Nicht nur wird den πρεσβύτεροι, was Harnack (Prolegg. S. 111, 142, 148) zu Gunsten ihrer Unterscheidung von den ἡγούμενοι bestritten hatte, ausdrücklich das Recht Gehorsam zu fordern beigelegt (57₁). Es würde auch unerklärlich sein, dass Klemens die Propheten und Lehrer, wenn sie die oberste Autorität in der Gemeinde waren, für die ganze Streitfrage völlig ignoriert; eine Schwierigkeit, die sich vermehren würde, wenn unter den Führern des Aufstandes pneumatisch Begabte zu denken sein sollten. (Vgl. auch Loening S. 57 Anm. 1). Ich führe dies deshalb noch an, weil Harnack seine frühere Ansicht nicht völlig geändert zu haben scheint. Er sagt (Theol. L.-Ztg. a. a. O.): Dass ἡγούμενοι nur die Apostel, Propheten und Lehrer bezeichnen, will ich nicht mehr behaupten". Ich möchte auch dieses „nur" gestrichen sehen, da es — vom Klemensbriefe ganz abgesehen — keine Stelle giebt, aus der geschlossen werden kann, dass Aposteln, Propheten und Lehrern als solchen der Name ἡγούμενοι beigelegt wurde. Hebr. 13₁₇ beweist m. E., dass das Lehren (13₇) nur eine Funktion der dort gemeinten ἡγούμενοι gewesen sein kann. — Ἡγούμενοι ist jedenfalls kein eigentlicher Titel, es verhält sich zu ἐπίσκοποι etwa wie ‚Führer' zu ‚General'.

1) A. a. O. S. 637 f.
2) Ueber die verschiedenen Modifikationen seiner Auffassung vgl. Loofs S. 633 — 636.
3) S. 84 f. (vgl. 27 ff.).
4) S. 638 f.

von Männern wählte, die er nur an einer Stelle[1]) mit ihrem eigentlichen Amtsnamen nennt (42 ₄.₅). Mit Recht ist ferner in Zweifel gezogen[2]), dass „in einem Briefe, der für den Kultus die Laien bereits sehr energisch in eine passive Stellung weist, πρεσβύτερος eine auch die Bischöfe „ehrende Bezeichnung sei". Endlich lassen sich auch die einzelnen Stellen mit jener Annahme nicht befriedigend erklären.

47₆ kann allenfalls noch mit Harnack das στασιάζειν πρὸς τοὺς πρεσβυτέρους aus der Absicht erklärt werden, „die Pietätslosigkeit der Stürmer deutlich hervortreten . zu lassen"[3]), obwohl nichts anzeigt, dass der Name deshalb gewählt ist. 54₂ dagegen, wo es heisst: „μόνον τὸ ποίμνιον τοῦ Χριστοῦ εἰρηνευέτω μετὰ τῶν καθεσταμένων πρεσβυτέρων", ist die einzig naheliegende Annahme die, dass πρεσβύτερος einfach Amtsname war. Denn οἱ καθεσταμένοι πρεσβύτεροι sind nicht „die in das Amt eingesetzten Alten" (Harnack), sondern die eingesetzten oder bestellten Presbyter. Wäre jenes der Sinn, so müsste man erwarten, dass Klemens τῶν πρεσβυτέρων τῶν εἰς ἐπισκοπήν (εἰς ἐπισκόπους) καθεσταμένων oder einfacher τῶν καθεσταμένων ἐπισκόπων schrieb. Der gebrauchte Ausdruck ruht vielmehr auf der Phrase πρεσβύτερον καθίστασθαι „zum Presbyter eingesetzt werden"[4]). Somit ist es auch abzuweisen, wenn Weizsäcker daraus, dass bei der Aussage über die apostolische Bestellung des Amtes nur der Name Episkopen (42₄) gebraucht wird, folgert, dass die πρεσβύτεροι als solche kein Amt, sondern eine Abteilung in der Gemeinde sind. 54₂ zeigt, dass Klemens recht gut auch von apostolischer Einsetzung der Presbyter reden konnte. — Ebenso wird 57₁ unrichtig von Harnack verstanden: es ist hier nicht vom Gehorsam der ‚Jungen' gegen die ‚Alten', sondern der ἀρχηγοὶ στάσεως gegen die Presbyter die Rede[5]). An der vierten Stelle endlich (44₅), welche die schon abgeschiedenen πρεσβύτεροι selig preist (nachdem unmittelbar zuvor von der ἐπισκοπή die Rede war), kann man zwar zweifelhaft sein, ob die πρεσβύτεροι blos Episkopen, oder Episkopen und Diakonen sind — davon später; aber wenn dies letztere mit Harnack angenommen werden müsste, so ist es keineswegs ein „deutlicher Beweis, dass πρεσβύτεροι damals nicht Amtsname, sondern ehrenvolle Altersbezeichnung" war (Harnack Sp. 419). Dann ist vielmehr das

---

1) Der Name des Amtes (ἐπισκοπή) noch zweimal c. 44₁ u. ₄; für diesen kann natürlich kein von πρεσβύτερος abgeleitetes Aequivalent in Frage kommen.
2) Loofs S. 639.
3) Theol. L.-Ztg. Sp. 424.
4) Vgl. Tit. 1₅.
5) Vgl. S. 7 Anm. 2.

einzig Mögliche, dass πρεσβύτεροι (etwa wie wir Pastoren und
Superintendenten mit Einem Namen Geistliche nennen) ein die
ἐπίσκοποι und διάκονοι zusammenfassender Amtsname ist. Denn
ein Grund, weshalb hier diese Amtsträger als ‚bejahrte‘ bezeichnet
werden sollten, liegt nicht vor, obgleich ja von Gestorbenen die
Rede ist.

Welche Gründe sollen denn überhaupt dagegen sprechen,
dass Klemens das Wort πρεσβύτεροι als Amtsbezeichnung gebraucht?
Man nimmt Anstoss daran, dass dasselbe Wort hier Standes-
und dort Amtsbezeichnung sei. Ich sehe in diesem Wechsel gar
keine Schwierigkeit, halte ihn vielmehr für ausserordentlich natürlich. Mit Recht hat Loofs (S. 639) auf Clem. Al., Strom. 7₁
hingewiesen, wo beide Bedeutungen des Worts auf einer Seite
vorkommen. Aber es bedarf gar keines solchen Beweises. Sobald
immer — sei es nun damals oder später — Presbyter Amtsname wurde, war der doppelte Sprachgebrauch unvermeidlich.
Es ist gar nicht vorzustellen, wie es anders sein sollte; wenn
doch die ‚Alten‘ blieben, auch als der Presbytertitel aufkam,
werden sie auch ‚Alte‘ weiter geheissen haben[1]). Natürlich konnte
aber auch dann, wenn πρεσβύτερος ein stehender Titel war, gelegentlich die in ihm steckende Altersbezeichnung hervortreten.
Denn „die Ideenassoziation des Alters überhaupt und des Aeltesten-
amtes ist eine ganze leichte"[2]). Im Klemensbriefe ist hiefür 3₃
eine deutliche Stelle: ἐπηγέρθησαν οἱ ἄτιμοι ἐπὶ τοὺς ἐντίμους, οἱ
ἄδοξοι ἐπὶ τοὺς ἐνδόξους, οἱ ἄφρονες ἐπὶ τοὺς φρονίμους, οἱ νέοι
ἐπὶ τοὺς πρεσβυτέρους[3]).

Fassen wir nun die andere oben (S. 11) bezeichnete Alter-

---

1) Ein inkorrekter Ausdruck ist es, wenn Loening (S. 84) die Altersbezeichnung dem ersten, die Amtsbezeichnung dem zweiten Teile des
Briefes („in welchem der Vf. auf die Streitigkeiten in Korinth des Nä-
hern eingeht" S. 85 — aber auch der 1. Teil nimmt doch auf diese
Rücksicht) zugewiesen hat. Das ist im Hinblick auf 3₃ kaum richtig
und klingt ausserdem wie eine mechanische Scheidung.

2) S. Holtzmann, Die Pastoralbriefe (1880) S. 215, auch Hatch
a. a. O. S. 60.

3) Diese Stelle fasst natürlich nur eine Seite des in Frage kommen-
den Gegensatzes ins Auge. Dasselbe wie die Gegenüberstellung: νέοι
— πρεσβύτεροι sagt die andere: ἄφρονες — φρόνιμοι. Die beiden andern
Paare haben eine etwas verschiedene Färbung. Nicht als Alte brau-
chen die Beamten ἔνδοξοι oder ἔντιμοι genannt zu sein. Uebrigens ist
zu beachten, dass die Stelle auf Jes. 3₅ ruht (προσκόψει τὸ παιδίον ἐπὶ
τὸν πρεσβύτην κτλ.). Schon darum darf man sie für die Parteigruppie-
rung in der Gemeinde nicht zu sehr ausbeuten Sie schliesst z. B. nicht
aus, dass auch ‚Alte‘ an der Opposition gegen das Amt teilnahmen
(47₆). Sie setzt nur voraus, dass der jüngere Teil der Gemeinde im
Streite merklich hervortrat. Vermutlich waren gerade die Führer noch
jüngere Leute.

native: πρεσβύτεροι entweder = ἐπίσκοποι oder = ἐπίσκοποι
und διάκονοι ins Auge. Den Anlass zu der Frage, ob nicht die
διάκονοι in den Namen πρεσβύτεροι eingeschlossen zu denken
sind [1]), bietet 44₅ im Vergleich mit dem Vorhergehenden (s. oben
S. 12). 42₄ u. ₅ ist von den durch die Apostel zu Episkopen
und Diakonen eingesetzten ἀπαρχαί die Rede. 43₁ bezieht sich
mit τοὺς προειρημένους auf sie zurück, ebenso 44₁ mit dem gleichen Ausdruck, ebenso 44₃, wenn auch mit der Erweiterung auf
die nach dem Tode der Apostel Eingesetzten. 44₅ ist dann ohne
merkbaren Uebergang von den verstorbenen Presbytern die Rede:
es sind Leute gemeint wie die, von denen bisher die Rede war,
also, das ist der nächste Eindruck, Episkopen und Diakonen.
Allein ein Beweis liegt hier doch nicht vor. Man kann einwerfen,
dass schon mit Erwähnung der ἐπισκοπή 44₁ u. ₄ der Gedanke
an die διάκονοι verschwinde, dass insbesondre der Ausdruck προσφέρειν τὰ δῶρα (44₄), mit dem die Thätigkeit der fraglichen
Männer bezeichnet wird, nur an Episkopen denken lasse [2]). Wiederum kann man allerdings auch sagen, dass die Erwähnung der
ἐπισκοπή und des προσφέρειν τὰ δῶρα nicht verwehrt, in den
πρεσβύτεροι (44₅) doch beide Aemter zusammengefasst zu sehen;
denn da die Diakonen in der ganzen Streitsache doch höchst wahrscheinlich als Anhängsel des höheren Amtes zu denken sind, so
konnte wohl auch dort, wo die Träger des geringeren nicht ausgeschlossen werden sollten, einfach ein Ausdruck a potiori gebraucht werden. Das Zusammenstellen von ἐπισκοπή und πρεσβύτεροι wäre erst dann befremdlich, wenn es für das Amt und die
Amtsfunktion beider Klassen ebenso einen gemeinsamen Ausdruck gab
wie für die Personen. Kurz, hier ist eine Entscheidung nicht möglich.

Aber es lassen sich einige sprachliche Beobachtungen machen,
welche etwas weiter führen.

Nur in c. 42 finden sich die beiden Ausdrücke ἐπίσκοποι und
διάκονοι zusammen. Harnack fragt einmal [3]), warum der Verfasser
überhaupt die Diakonen in c. 42 genannt habe. Loofs [4]) erinnert

---

1) Diese Auffassung ist schon früher vertreten worden, z. B. von
Gundert, Zeitschr. für die luth. Theol. und Kirche 1854 S. 56 ff. In
der neuesten Debatte hat man sie nicht in Betracht gezogen. — Hinsichtlich der Pastoralbriefe hat neuerdings K. Knoke die gleiche Auffassung ausgesprochen. S. Prakt.-theol. Kommentar zu den Pastoralbr.
II (1889) S. 134, 203 ff., 227.

2) S. Loofs S. 640 und bes. Harnack, Analekten zu Hatch S. 241,
wo diese Gründe gegen die Sicherheit einer Einbeziehung der διάκονοι
in die προοδοιπορήσαντες πρεσβύτεροι angeführt sind (anders Theol. L.-Ztg.
Sp. 419). Vgl. auch Lipsius, De Clementis Rom. epistola ad Corinthios priore disquisitio (1855) p. 42 n.

3) Analekt. zu Hatch S. 241.

4) S. 640. Billigung verdient hier auch die Anzweiflung der von

an die Möglichkeit, dass das Schriftzitat aus Jes. 60₁₇ ihn darauf gebracht habe. Das wäre denkbar. Ebenso denkbar ist, dass erst die Nennung von ἐπίσκοποι und διάκονοι die Erinnerung an das Zitat weckte. Am wahrscheinlichsten ist es doch, dass beide Aemter genannt werden, weil es sich in den Zwistigkeiten thatsächlich um beide Aemter, um die Beamten überhaupt handelte — einerlei, ob 40₅ bei den Leviten an διάκονοι gedacht ist oder nicht. Es fehlt im Briefe jede Andeutung, dass die Diakonen sich in den Wirren von den Episkopen trennten. Und wenn es doch faktisch Diakonen als feste Beamte in Korinth gab, so ist zu vermuten, dass sich Beweisführungen, wie sie c. 37 oder 40 f. geben, auch auf sie mitbeziehen. Dann aber kann es bedeutsam erscheinen, dass die ἐπίσκοποι nur mit den διάκονοι zusammen erwähnt werden, besonders aber, dass die letzteren niemals neben die πρεσβύτεροι treten. Man kann dies freilich bei der Spärlichkeit des Materials als zufällig bezeichnen. Aber es ist nicht zu vergessen, dass der Klemensbrief hier keine vereinzelte Stellung einnimmt. Mit vollem Rechte hat Harnack gegen Loening aufs Neue betont¹), dass in der ältesten Literatur niemals ²) πρεσβύτεροι καὶ διάκονοι, sondern stets ἐπίσκοποι καὶ διάκονοι das zusammengehörige Paar ist. Diese Thatsache lässt sich unabhängig von der Deutung, die sie bei Hatch und Harnack erfährt, feststellen und fordert jedenfalls zu einer Erklärung auf. Ich kann nicht finden, dass diese in der Bemerkung von Loofs (S. 642) gegeben ist, ἐπίσκοπος und διάκονος seien **Funktions-**

Loening (S. 89) u. a. geäusserten Ansicht, dass Klemens das Zitat, welches in den LXX lautet: δώσω τοὺς ἄρχοντάς σου ἐν εἰρήνῃ καὶ τοὺς ἐπισκόπους σου ἐν δικαιοσύνῃ (dagegen Klem.: καταστήσω τοὺς ἐπισκόπους αὐτῶν ἐν δικαιοσύνῃ καὶ τοὺς διακόνους αὐτῶν ἐν πίστει) gefälscht, bezw. für seinen Zweck zurecht gemacht habe. Vgl. unten Abh. II. Wurde vielleicht das „ἄρχοντας" der Jesaiasstelle schon früher vom Amte der ἄρχοντες in der jüdischen Diaspora (Schürer, Gesch. d. jüd. Volks II S. 514 ff.) verstanden?

1) Theol. Lit.-Ztg. 419. 425. Vgl. Analekt. zu Hatch S. 240 ff. und Prolegg. z. Did. S. 110 f. Anm. u. S. 148.

2) Mit Ausnahme von Polykarp ad Phil. 5₂: ὑποτασσομένους τοῖς πρεσβυτέροις καὶ διακόνοις (Loofs S. 642, Anal. z. Hatch S. 244). Diese Stelle kann aber deshalb nicht viel besagen, weil sie geänderte Verhältnisse voraussetzt. Polykarp schreibt als Bischof im monarchischen Sinne (Loening S. 124). — Die von Harnack (Anal. zu Hatch S. 248 Anm.) angezogene Stelle des Chrysostomus (Hom. I in Ep. ad Philipp. [über Phil. 1₁], vollständig mitgeteilt bei Rothe, Die Anfänge der christl. Kirche 1837 S. 214) sagt nicht das, was sie nach Harnack bedeutet. Sie lässt sich nicht als eine Erinnerung daran verwerten, dass es „auch Presbyter gegeben hat, welche zugleich Diakonen waren". Chrysostomus behauptet nur, dass die Presbyter einst ἐπίσκοποι und διάκονοι Χριστοῦ **genannt** wurden. Dass er an die amtlichen Diakonen gar nicht **denkt**, zeigt der Satz: καὶ διάκονος ὁ ἐπίσκοπος ἐλέγετο.

bezeichnungen (nicht πρεσβύτερος) und gehörten als solche zusammen. Gewiss, logisch und für das feinere Sprachgefühl. Aber sobald ἐπίσκοπος und πρεσβύτερος promiscue gebraucht werden — und dies ist nach Loofs im Klemensbriefe der Fall — fällt jeder Grund weg, warum nicht beide Namen mit διάκονος zusammengestellt werden sollten.

Hierzu kommt ein Zweites. Die Bezeichnung ἡγούμενοι bezw. προηγούμενοι findet sich, wenn wir 63ι bei Seite lassen, nur an jenen zwei Stellen, welche die Pflichten der verschiedenen Gemeindeabteilungen angeben (c. 1 u. 21), hier beide Male, und beide Male alleinstehend, d. h. ohne weitere Nennung von Amtsträgern. Dieser Umstand erklärt sich am besten, wenn προηγούμενοι = ἐπίσκοποι und διάκονοι zu nehmen ist. Der Verf. wollte die Kategorie der Beamten den anderen Ständen entgegensetzen. Er konnte von ἐπίσκοποι καὶ διάκονοι reden; aber das waren zwei Ausdrücke, nicht einer. Er konnte sie πρεσβύτεροι nennen, aber das gieng nicht an, weil die Alten erwähnt werden sollten. So wählte er ἡγούμενοι. Hätte er nur an die erste Klasse der Beamten erinnern wollen, so hätte der Name ἐπίσκοπος am nächsten gelegen. Brauchte er ihn nicht, so war es, weil er die ganze Kategorie bezeichnen wollte.

Wichtiger als diese anfechtbare Erwägung ist ein dritter Punkt. Bei Annahme des weiteren Sinnes von πρεσβύτεροι hätten wir nämlich die beste Erklärung dafür, dass Klemens da, wo er der διάκονοι nicht gedenkt, nicht ἐπίσκοποι, sondern immer πρεσβύτεροι nennt[1]). Weshalb wechselt hier nicht wenigstens der eine Ausdruck mit dem andern? Weil πρεσβύτεροι der bequemste Ausdruck war, sobald die Diakonen mitgemeint waren und mitgenannt werden sollten. Nimmt man an, dass πρεσβύτεροι und ἐπίσκοποι ganz dieselben Personen waren, so ist nach dem Klemensbrief viel eher zu sagen, dass πρεσβύτερος, als dass ἐπίσκοπος als „eigentlicher Amtstitel"[2]) erscheint.

Es kann nicht die Meinung sein, Vorstehendes für einen zwingenden Beweis auszugeben; möglich bleibt es, dass ἐπίσκο-

---

1) Vgl. die S. 11 genannten Stellen.
2) Vgl. Loening S. 86. Was Loofs S. 628 über ἐπίσκοπος als Amtsname und Amtsbeschreibung sagt, lässt sich weder widerlegen noch beweisen. Wie früh der appellative Charakter von ἐπίσκοπος für die Gemeindebeamten zurücktrat hinter dem terminus technicus, wird man nie erfahren. Bestreiten möchte ich, dass die Stellen, in denen bis zum Ende des 2. Jahrhunderts die Wortbedeutung von ἐπίσκοπος noch hervortritt, als eine historische Erinnerung daran anzusehen seien, dass ἐπίσκοπος ursprünglich „Funktionsbezeichnung" war. Die Erinnerung an den ursprünglichen Sinn von ἐπίσκοπος konnte der Natur des Wortes nach immer wieder hervortreten, wo griechisch gesprochen wurde. Die a. a. O. gesammelten Beispiele beweisen nichts.

-πος und πρεσβύτερος für Klemens Begriffe gleichen Umfangs und Inhalts waren. Aber soviel lässt sich doch behaupten: die Gleichung πρεσβύτεροι (als Amtsname) = ἐπίσκο-ποι καὶ διάκονοι ist zu den gesamten terminologi-schen Eigentümlichkeiten des Briefes ein besserer Schlüssel als irgend eine andere Auffassung.

Das Hauptergebnis ist also, dass es in Korinth wie in Rom[1]) zur Zeit der Entstehung unsers Briefes, also wahrschein-lich am Ende des 1. Jahrhunderts, ein Kollegium bestellter Presbyter gab. Daran ist m. E. nicht zu zweifeln[2]). Für wahr-scheinlich halte ich ausserdem, dass dieses Kolleg die zwei Klassen der Episkopen und Diakonen vereinigte. Für die Erkenntnis der Vorgänge in Korinth ist das jedoch eine untergeordnete Frage. Unter allen Umständen spielten die Diakonen in dem ‚Aufruhr‘ die zweite Rolle.

Ueber das Verhältnis der πρεσβύτεροι im amtlichen Sinne zu den πρεσβύτεροι als den Alten macht Klemens keine Angabe. Einen Zusammenhang zwischen beiden in der Art zu denken, dass jene, wenigstens soweit die Episkopen in Betracht kommen, aus dem Kreise dieser hervorgiengen, liegt doch sehr nahe[3]). Damit ist aber nicht viel gesagt. Dass nicht νέοι zu Episkopen gewählt wurden, ist von vornherein wahrscheinlich[4]). Andrerseits ist der

---

1) Gegen Loenings Meinung (S. 86), als sei πρεσβύτερος in Rom nicht dasselbe wie in Korinth, als rede Klemens nicht aus eigner Anschauung, hat Harnack mit Grund Einspruch erhoben (Theol. Lit.-Ztg. Sp. 425).

2) S. dagegen Harnack a. a. O. Sp. 419.

3) Loening hat (S. 85 n. 2) diese Auffassung Weizsäckers bestritten. Ich verstehe aber seine Polemik und Beweisführung nicht; sie klingt so, als wenn W. von amtlichen Presbytern im Gegensatz zu Diakonen gesprochen hätte.

4) Wie soll man sich die beiden in c. 1 u. 21 gegenübergestellten Klassen der νέοι und πρεσβύτεροι gegen einander abgegrenzt denken? Wenn wir nur Klemens befragen, so kann es sehr zweifelhaft sein, ob unter den πρεσβύτεροι gerade immer Leute mit weissem Haare zu ver-stehen sind. Nur diese beiden natürlich gegebenen Gruppen werden ausser Weibern und Kindern genannt; wird nun hinsichtlich der Jun-gen (vgl. bes. c. 21) noch die Pflicht der Erziehung betont, so scheint das Alter, welches nötig war, um πρεσβύτερος zu heissen — da ja reife Männer zwischen beiden Klassen nicht genannt werden — nicht zu hoch angenommen werden zu dürfen. Die Grenzen wären dann über-haupt fliessende; die πρεσβύτεροι wären der eigentliche Kern der Ge-meinde. Oder aber die Aufzählung wäre so zu nehmen, dass man zwi-schen beiden Klassen noch eine mittlere zu denken hätte, welche weder durch den einen noch durch den andern Ausdruck bezeichnet zu werden pflegte, von welcher hier aber abgesehen wurde, weil nur die auffällig-sten Gegensätze in der Gemeinde hervorgehoben werden. In beiden Fällen wäre die Nomenklatur etwa von derselben Bedeutung, wie wenn ein heutiger Prediger die Kinder, Frauen, Jungen und Alten apostro-

Möglichkeit nicht präjudiziert, dass beim Tode eines ἐπίσκοπος ein älterer Diakon aufrückte.

Mit diesen Bemerkungen muss es hier sein Bewenden haben. Wieweit dieselben sich an den andern Urkunden erproben und für ihr Verständnis fruchtbar sind, kann, wie gesagt, nicht erörtert werden.

Was erfahren wir nun über die Amtsobliegenheiten der Presbyter bezw. Episkopen? Es ist nicht viel. Wenn die Forderung des Gehorsams gegen die Beamten an die Gemeinde ergeht, wenn dieselben zu den Kommandierenden im Heere in Parallele gestellt werden (c. 37), so ergiebt sich daraus nur, dass sie überhaupt den gewöhnlichen Gemeindegliedern irgendwie vorgesetzt oder übergeordnet sind. Wenn ihr Amt eine λειτουργία [1]) heisst, die sie der Heerde Christi geleistet haben (44 s. 8 42 2), so lässt sich an recht verschiedene Dinge bei diesem „Dienste" denken. Wenn ferner ihr λειτουργεῖν als ein μετὰ ταπεινοφροσύνης, ἡσύχως καὶ ἀβαναύσως (anspruchslos) geschehenes charakterisiert wird (44 3), so ist auch daraus nicht der mindeste Aufschluss über ihre Thätigkeit zu gewinnen [2]). Denn die Adverbien drücken nur aus, dass die Beamten ihrerseits keinen Streit durch ein herrisches oder anmassendes Benehmen hervorgerufen haben. Nur eine Bemerkung ist wichtig und giebt einen deutlichen Fingerzeig. 44 4 lesen wir: ἁμαρτία (γὰρ) οὐ μικρὰ ἡμῖν ἔσται, ἐὰν τοὺς ἀμέμπτως καὶ ὁσίως προσενεγκόντας τὰ δῶρα τῆς ἐπισκοπῆς ἀποβάλωμεν. Das ist ausser Zweifel, dass das προσφέρειν τὰ δῶρα [3]) eine besondere Thätigkeit der Episkopen im Ge-

***

phiert, und in beiden Fällen würden die πρεσβύτεροι keine innerhalb der Gemeinde streng abgegrenzte Klasse sein. Danach wäre dann auch von der vielbesprochenen Ehre, die den Alten zukommt, nicht zu viel Aufhebens zu machen. Aber die Stellen, welche sonst den Gegensatz von νεώτεροι und πρεσβύτεροι darbieten — 1. Petr. 5 5 1. Tim. 5 1 ff. Tit. 2 1—3 Polyk. ad Phil. 5. 6 (cf. Act. 5 6 2. Klem. 19 1) — machen es fraglich, dass die Sache in unserm Briefe so einfach liegt. — Vgl. übrigens die treffliche Ausführung Weizsäckers (S. 693 ff.), wo die Sittengebote der Haustafel die rechte geschichtliche Beleuchtung erhalten. C. 1 und 21 wird den dort (S. 695) besprochenen Stellen hinzuzufügen sein. Wir haben es auch hier sozusagen mit einer „Gemeindetafel" zu thun, deren einzelne Gedanken und Wendungen als einigermassen stereotype zu denken sind.

1) Das Wort hat bei Klemens den weitesten Sinn und ist kaum ein eigentlicher term. techn. Ueber τετιμημένη λειτουργία (44 6) s. Harnack z. St., auch Note zu Did. 15 2. Ist die LA richtig, so kann nur von einem Dienste die Rede sein, der als Ehre übertragen wird; das ἀμέμπτως bezieht sich dann auf die ordnungsmässige Institution (c. 42 u. 44); doch s. Lightfoot, Append. S. 436.

2) S. Harnack, Ausg. der Didache S. 57.

3) Nicht δῶρα ἐπισκοπῆς, wie Loofs zitiert (S. 628, 630, 654). Die

meindegottesdienste benennt [1]). Streitig ist nur der genauere
Sinn der Wendung. Denkt Klemens ganz bestimmt an die Abendmahlsfeier, so dass von der Darbringung der Gemeindegaben an
Gott durch das Gebet die Rede ist? Oder bezieht sich der Ausdruck auf den Kultus im Allgemeinen — das Abendmahl dann
nicht ausgeschlossen, aber nicht hervorgehoben — so dass wir
unter den δῶρα die kultischen Gebete überhaupt verstehen müssten? [2]) Es ist richtig, ein einigermassen gleichzeitiges Zeugnis
dafür, dass δῶρα die Elemente sind, welche aus den Darbringun-
gen der Gemeinde genommen wurden, besitzen wir nicht [3]). Aber
doch muss es für das Wahrscheinlichste gelten, dass dies der Sinn
des Wortes ist. Es ist zwar bedeutungslos, dass wohl θυσία und
προσφορά, nicht aber δῶρον in den ältesten Urkunden als Metapher vom Gebete gebraucht wird; denn δῶρον wurde als Uebersetzung von מִנְחָה von den LXX ebensogut wie die andern Ausdrücke dargeboten. Aber ungenau ist es zu sagen, προσφορά und
θυσία, folglich auch δῶρον bezeichneten im altchristlichen Sprachgebrauch das Gebetsopfer [4]). Schlechthin und ohne Weiteres thun
sie das nicht. Vielmehr wird überall das „Opfer" mit einem Zusatze versehen, welcher den metaphorischen Charakter des
Ausdrucks zur Geltung bringt. So redet, um nur an diese eine
Stelle zu erinnern, Hebr. 13 15 nicht von der θυσία, sondern von
der θυσία αἰνέσεως. Und so wird auch bei Klemens nicht von
θυσία und προσφορά schlechthin gesprochen. Denn 35 12 steht

Deutung der Stelle bei W. Möller, Lehrb. d. Kirchengesch. I (1889)
S. 92 Anm. — die Dienstleistungen der Beamten für die Gemeinde seien
die Opfergaben, welche sie darbringen — ruht auf der gleichen unrich-
tigen Verbindung und fällt mit ihr. S. die Parallele 44 2: ἀποβάλλεσθαι
τῆς λειτουργίας.

1) Dass der Ausdruck selbst eine Beziehung auch auf die Gabenver-
teilung einschliesse, darf nicht behauptet werden. Προσφέρειν kann hier
nur das auf Gott gerichtete Handeln bezeichnen (anders Justin, Apol. I
c. 65). Indirekt wird jedoch allerdings die Gabenverwaltung als Funktion der Episkopen auch durch diese Stelle belegt. S. Lightfoot z. St.,
auch Harnack, Prolegg. z. Did. S. 144 und „Die Quellen der s. g. apost.
K.O." in den Texten u. Untersuch. II 5, S. 15.

2) S. hierzu Lightfoot a. a. O. und Epistle to the Philippians 2. ed.
(1869) S. 259 ff. Höfling, Die Lehre der ältesten Kirche vom Opfer im
Leben u. Kultus der Christen (1851), bes. S. 22—30. Harnack, z. St.
und Dogmengeschichte I ² S. 178 f. Loening a. a. O. S. 88. Manche Aeusserungen sind insofern unklar, als sie unter δῶρα die Abendmahlsele-
mente und die kultischen Gebete zusammen verstehen. Beides kann das
Wort nicht wohl zusammenfassen. Wenn die Eucharistie nur mit gemeint ist, wird δῶρα überhaupt als Metapher für Gebete zu nehmen
sein (vgl. Constt. app. II 46 bei Höfling S. 29).

3) S. Loening a. a. O.

4) Ueber andere, aber verwandte Anwendungen des Opferbegriff
s. Lightfoot, Philipp. S. 259.

im Zitate (ebenso wie 52₂) gleichfalls θυσία αἰνέσεως, und wenn
Christus 36₁ der ἀρχιερεὺς τῶν προσφορῶν ἡμῶν heisst, so ist
nicht zu übersehen, dass die Art dieser προσφοραί durch das eben
vorhergehende θυσία αἰνέσεως δοξάσει με (35 ₁₂) erläutert war.
Man kann also nicht sagen, der sonstige Sprachgebrauch des
Klemens beweise, dass δῶρα Gebete seien (Loening). Dann liegt der
Gedanke an die Elemente am nächsten [1]). Diese standen ja ausser-
lich in viel näherer Analogie zu den alttestamentlichen Opfergaben
als die Gebete. Sie konnten δῶρα heissen, auch wenn sie ihren
Wert erst durch das Gebet erhielten.

Die Episkopen werden demnach als Vollzieher der Abendmahlsfeier und damit überhaupt als kultische Persönlichkeiten
charakterisiert. Dazu stimmt es, wenn c. 40 u. 41 die christlichen
Amtsträger in eine — wie immer zu fassende — Parallele zu
dem alttestam. Kultuspersonal gestellt werden, und wenn in c. 43
der Streit über die ἱερωσύνη zu Mosis Zeit dem damaligen Streite
über die ἐπισκοπή verglichen wird. Die Wichtigkeit unserer Stelle
für die altchristliche Verfassungsgeschichte ist anerkannt. Die Bedeutung dieser kultischen Funktionen der Beamten innerhalb des
Gesamtgebietes ihrer Thätigkeiten ist jedoch nicht sicher aus ihr zu
bestimmen. Es mag sachlich richtig sein, dass die Episkopen jener
Zeit „primär" Kultusbeamte waren [2]). Aber es kann nur aus der
hervorragenden Bedeutung, welche überhaupt dem Kultus für das
Gemeindeleben eignete, nicht aus dem Texte unsers Briefes er-
schlossen werden. Immerhin ist das ausdrücklich zu bemerken.
Es ist fraglich, ob Klemens die Beamten deshalb als die προσ-
ενεγκόντες τὰ δῶρα bezeichnet, weil er dies als ihre immer zuerst
zu nennende Pflicht und Würde betrachtete; sehr wohl konnte
er aus dem spezielleren Grunde den Ausdruck wählen, weil gerade
die kultischen Befugnisse der Beamten im Streite angefochten
wurden [3]): er nannte die Funktion, an die alle zunächst dachten.

Es ist nicht zu bezweifeln, dass den Beamten auch andere,
z. B. disziplinäre Befugnisse zustanden. Ihren Umfang können
wir aber nicht abschätzen. Man kann nicht einmal eine einzige
Stelle namhaft machen, welche auf die Handhabung der Disziplin
hinwiese [4]), wenn man nicht daran denken will, dass der Gehorsam gegen sie gefordert wird. Auch einer Lehrthätigkeit [5]) der

---

1) So auch Weizsäcker a. a. O. S. 601 und Harnack, Dogmengeschichte a. a. O.
2) Harnack, Dogmengeschichte I ² S. 182, Theol. Lit.-Ztg. 419. 422.
3) Vgl. unten. — Auch die Diakonen werden mit dem Kultus zu thun
gehabt haben, obgleich von ihnen nicht — wenn nicht 40 ₅? — die Rede ist.
4) Gegen Lipsius a. a. O. p. 34.
5) Fälschlich erschliesst Lipsius p. 35 aus dem φρονίμους 8, ein
officium docendi.

Episkopen wird so wenig gedacht, wie andrerseits in einer der Didache ähnlichen Weise von einer in der Gemeinde bevorrechtigten Thätigkeit berufsmässiger διδάσκαλοι oder προφῆται geredet wird. Wir begnügen uns dies einfach zu konstatieren.

Einer entschiedenen Korrektur bedarf m. E. die Auffassung, welche man unserm Schreiben hinsichtlich der Kompetenzen der Gemeinde als der Gesamtheit aller Nichtbeamteten abgewonnen hat. Einer entsprechenden Einschränkung. die Wertschätzung, die man ihm in dieser Hinsicht hat zu Teil werden lassen.

Ich werde dies am besten zeigen, indem ich von Loenings Ansicht ausgehe. Denn dieser Gelehrte hat wohl am stärksten die Bedeutung der Gemeinde gegenüber dem Amte im damaligen Korinth und Rom hervorgehoben. Loenings Auffassung ist diese [1]).

Wenn in den Pastoralbriefen das Presbyterium als oberste Instanz erscheint, so ist im Klemensbrief die Gemeindeversammlung noch das den Gemeindebeamten übergeordnete Organ. Sie hat auf Vorschlag angesehener Männer die Episkopen und Diakonen zu wählen (44 s). Sie hat auch das Recht sie abzusetzen, und dieses Recht wird ihr nicht bestritten. Denn nicht die Amtsentsetzung als solche, sondern nur die Amtsentsetzung von bewährten und tugendhaften Episkopen wird für Sünde erklärt (44 s ff.). Den Beschlüssen der Gemeindeversammlung haben sich alle unterzuordnen. Sie hat alle Streitigkeiten zu entscheiden. Die Handhabung der Gemeindedisziplin steht bei ihr selbst. Die gesamte Verfassung ruht also sozusagen noch auf demokratischer Grundlage. Das Schreiben der Römer aber zeigt, dass sich der Gemeindevorstand über die Gemeinde zu erheben beginnt. Noch wird die entscheidende Gewalt der Gemeinde zwar anerkannt. Aber schon hat sich die bedeutungsvolle Wendung vollzogen, dass die Gebete im Gottesdienste den Episkopen reserviert werden. Der Streit in Korinth ist ein Beweis, dass diese „Neuerung" noch nicht völlig durchgedrungen war.

Sehen wir von der „Neuerung", über welche erst später zu reden ist, hier ab, so kommen wesentlich 3 Punkte in Frage: 1) das Recht der Gemeinde, die Beamten zu wählen, 2) das Recht der Absetzung, 3) die Handhabung der Zucht.

1) In c. 42 und 44 giebt Klemens eine Erzählung über die Entstehung des Amtes der Episkopen und Diakonen. Die Apostel haben, wenn sie Städte und Dörfer predigend durchzogen, die Erstbekehrten (ἀπαρχαί) für die künftig zu sammelnden Gläubigen als ‚Aufseher' und ‚Diener' eingesetzt. Sie thaten das (c. 44) in der Voraussicht, dass über die Würde des Aufsichts-

---

1) S. S. 80, 85—90, 115 f., 123, auch 44.

amtes Streit entstehen werde. Um der Institution Dauer zu geben, haben sie zugleich die Bestimmung[1]) getroffen, dass nach dem Tode der ersten Beamten andere erprobte (δεδοκιμασμένοι, vgl. 42₄: δοκιμάσαντες τῷ πνεύματι) Männer ihren Dienst übernähmen. Diese Ausführung findet ihren Abschluss in dem Satze: τοὺς οὖν κατασταθέντας ὑπ' ἐκείνων ἢ μεταξὺ ὑφ' ἑτέρων ἐλλογίμων ἀνδρῶν συνευδοκησάσης τῆς ἐκκλησίας πάσης . . . τούτους οὐ δικαίως νομίζομεν ἀποβάλλεσθαι τῆς λειτουργίας. Was folgt hieraus über die Bestellung der Presbyter? Die Erzählung von dem Thun der Apostel ist in der Hauptsache schwerlich als historische Nachricht, vielmehr als der Ansatz einer dogmatischen Theorie[2]) zu betrachten. Sie zeigt, dass man das Amt auf die Autorität der Apostel zurückführt und durch sie legitimiert[3]). Sie beweist zugleich, dass der persönlichen Erinnerung des Verfassers die Zeit fremd ist, wo es ein besonderes Amt noch nicht gab. Aber nun jener Schlusssatz! Sagt er wirklich, was Loening ihn sagen heisst, dass die Gemeindeversammlung auf Vorschlag angesehener Männer die Beamten erwählte? Die ‚Ehrenmänner‘ (ἐλλόγιμοι ἄνδρες), von denen Klemens spricht, gehören einigermassen zu den dunklen[4]). Es ist nicht unmöglich, dass er in unbestimmter Weise Schüler oder Vertraute der Apostel im Auge hat. Näher liegt die Annahme, dass der Ausdruck auch auf das zu K l e m e n s' Zeit übliche Verfahren bei der Einsetzung von Episkopen und Diakonen passte. Dann ist zu sagen, dass die Stelle uns g a r n i c h t s B e s o n d e r e s lehrt. Was ihr mit Sicherheit zu entnehmen ist, ist nur dies, dass einzelne Personen — an wen will man denken, wenn nicht an die Mitglieder des Presbyterkollegiums selbst? — die Einsetzung der Beamten vornahmen, und dass dies nicht geschah ohne Zustimmung der Gemeinde. Ueber die Art, wie sich die Gemeinde beteiligte — und darauf kommt es allein an — erfahren wir lediglich nichts. Die Worte vertragen sich also völlig mit der Annahme,

---

1) Auf die schwierige LA ἐπινομήν braucht nicht eingegangen zu werden. Das Verständnis der Stelle ist in der Hauptsache von ihr unabhängig.

2) Harnack, Dogmengeschichte I² S. 184.

3) Dieselbe Vorstellung in den Pastoralbriefen, sofern ihre Anweisungen dem Paulus zugeschrieben werden.

4) Dass damit nicht der Stand der πρεσβύτεροι gemeint sein kann (Weizsäcker S. 638 ff.), hat schon Loening ausgesprochen. Die πρεσβύτεροι waren jedenfalls der für eine ‚Billigung‘ vorzugsweise in Frage kommende Teil der Gemeinde. — Es können nur wenige gewesen sein, die das καθιστάνειν vornahmen. Dann ist dies Wort aber nicht sowohl von der Uebertragung der Amtsbefugnisse im Allgemeinen als vielmehr von der unter irgend welchen bestimmten Formen (Handauflegung?) vollzogenen Installation zu verstehen. Vgl. 1. Tim. 4₁₄ Tit. 1₅.

dass das Beamtenkolleg sich selbst ergänzte und dabei die Stimme der Gemeinde hörte[1]). Andrerseits lassen sie es offen, dass die Gemeinde die ihr vorgeschlagenen Beamten selbst förmlich wählte[2]), und dass diese dann nachher von den Presbytern rite eingesetzt wurden. Uebrigens wird — und dies möchte ich betonen — die Gemeinde nicht deshalb genannt, weil Klemens das Einsetzungsverfahren erschöpfend beschreiben, sondern weil er damit ein Argument gegen die ‚Aufrührer‘ aussprechen will. Wie der Hinweis auf die Apostel und die angesehenen Männer zeigen soll, gegen welche Autoritäten man sich versündigt, so will der Hinweis auf die Gemeinde den Selbstwiderspruch betonen, in dem man befangen ist. Dieselben Männer, die ihr einst willkommen hiesset, wollt ihr jetzt entfernen! das wäre die richtige Umschreibung der Worte.

2) Die Absetzung einiger Presbyter durch die Gemeinde lässt sich so deuten, dass sie das Amt als einen widerruflichen Auftrag auffasste. Allein diese Absetzung gehörte nicht einer Zeit normalen Lebens an, sondern einer Zeit der Aufregung und Revolution. Zweifelsohne hielt jedermann auch in Korinth vor dem Streite es für selbstverständlich, dass die einmal fungierenden Beamten ihr Amt so lange bekleideten, als sie konnten; wie schon aus jener Seligpreisung der verstorbenen Presbyter (44₅) gefolgert werden darf. Und Klemens? bestreitet er wirklich nicht das Recht der Gemeinde, die Beamten abzusetzen? Betont er nur, wie Hatch[3]) sagt, dass es keine anständige Weise wäre, von diesem Rechte Gebrauch zu machen gegenüber solchen, die das Amt würdiglich geführt? Weist er nur darauf hin, dass „die Absetzung unter Umständen eine ungerechte und sünd-

---

1) Vgl. die von Harnack zu 44₈ zitierten Stellen Cyprians. Wenn Cyprian noch schreiben kann: sacerdos plebe praesente sub omnium oculis deligatur et dignus atque idoneus publico iudicio ac testimonio comprobetur, so folgt schon daraus, dass die Worte des Klemens uns nichts verraten, was für seine Zeit sich nicht von selbst verstände. S. auch Ritschl, Entstehung der altkathol. Kirche² S. 364 f.

2) So ist es ja in den Gemeinden, welche die Didache im Auge hat. Vgl. 15₁: χειροτονήσατε οὖν ἑαυτοῖς ἐπισκόπους καὶ διακόνους κτλ. Ueber die Bedeutung der Gemeinde in der Didache s. Harnack, Prolegg. S. 137 ff. Die Formulierung, dass „ein über der Gemeinde stehendes Amt (nach der Did.) noch nicht existiere“, ist jedoch schon wegen Did. 15₂ schwerlich zutreffend.

3) S. 119. Harnacks Aeusserungen zur Sache (Analekten S. 235) stellen zwar richtig heraus, wie wenig ein in abstracto vorhandenes „Recht“ der Absetzung in concreto bedeutete, sie sind aber doch nicht klar und entschieden genug. Vgl. den Satz: „Das Prinzip der Lebenslänglichkeit für die πρεσβύτεροι ἐπισκοποῦντες hat jedenfalls in Rom und Korinth am Ende des 1. Jahrhunderts noch nicht gegolten“ u. s. w.

hafte" [1]) sei? In Wahrheit nennt er es nicht unziemlich, sondern
Sünde, die Beamten zu entfernen, und keine andern „Umstände"
führt er an, unter denen die Absetzung ihm denkbar ist, als die,
welche immer das Recht der Absetzung begründen, nämlich
schlechte Erfüllung der Amtspflichten. Wenn man nicht unter
„Recht" etwas versteht, was in jener Zeit überhaupt nicht in
Betracht gezogen werden kann, so bleibt es dabei, dass der Gemeinde das Recht der Absetzung bestritten wird. Und der Verfasser redet nicht als Privatperson, sondern ist das Sprachrohr
einer ganzen Gemeinde. Was soll denn der ganze Hinweis darauf,
dass die Presbyter in ordentlicher Folge (vgl. εὐτάκτως 42₂) ihr
Amt auf die Apostel und über sie hinaus auf Christus, ja letztlich
auf Gott zurückführen können, was soll die Berufung auf die
Qualität der Männer, die sie einsetzten, wenn nicht ein Recht
lebenslänglicher Amtsverwaltung vorausgesetzt wird? Der einzige
Fall, in dem der Beamte des Rechtes sich selber begiebt, ist
seine persönliche Unwürdigkeit.

3) Dass der Gemeinde das Recht der Disziplin vor-
behalten war, wird aus 54₂ erwiesen[2]). Hier wird hypothetisch jemandem das Wort in den Mund gelegt: εἰ δι᾽ ἐμὲ στάσις καὶ
ἔρις καὶ σχίσματα, ἐκχωρῶ, ἄπειμι οὗ ἐὰν βούλησθε καὶ ποιῶ
τὰ προστασσόμενα ὑπὸ τοῦ πλήθους. Aber wenn man
in diesen Worten allgemein die in der Zucht sich zeigende Souveränität der Gemeinde bezeugt findet, so beruht das auf einem
Missverständnis der Stelle. Der gedachte Fall gehört nämlich überhaupt nicht in das Kapitel der Diszipli n.
Als ein Akt des Edelmuts, als freiwilliger, aus der Liebe gebo-
rener Entschluss wird es dargestellt, wenn jemand jene Worte
spräche (54₁). Er wäre dem Moses gleich, der sein Heil für
die Brüder in die Schanze schlug (c. 53), oder den edlen Heiden,
die für ihre Mitbürger in den Tod giengen oder die Heimat ver-
liessen (c. 55, vgl. 51₂). Ist damit der Gedanke an Ausstossen[3]),
Verbannen, ein gewaltsames Eingreifen der Gemeinde zu reimen?
Das „Gebot" der Menge kann nicht mehr bedeuten als ihren
Wunsch, ihre Stimmung, ihre Forderung; denn was es wirkt,
wirkt es nicht durch Zwang. Von einem förmlichen Beschluss
der Gemeindeversammlung ist nicht die Rede

Aus dem allen ist klar, dass der Brief keinen Anlass giebt,
von einer für diese Zeit irgend bemerkenswerten Stellung der
Gemeinde besonders zu reden. Weil an zwei Stellen gerade das

---

1) Harnack, ebenda.
2) Vgl. auch Harnack zu 44₂ und zu 54₂: ‚Summa potestas apud
plebem fuit' und Prolegg. z. Did. S. 148: „die Souveränität der Gemeinde".
3) S. auch Gundert, Zeitschr. f. luth. Th. u. K. 1854 S. 31 u. s.,
Lipsius, a. a. O. p. 44.

Wort ἐκκλησία oder πλῆθος gebraucht wird, liefern dieselben noch kein verwertbares Material. Was zu sagen ist, kann nur ganz allgemein sein. Es sind unfertige Zustände, in denen wir uns befinden. Eine dogmatische Auffassung des Amtes im eigentlich katholischen Sinne giebt es noch nicht. Eine allgemeine Kirche, welche die Einzelgemeinde regierte, existiert nicht. So fehlt auch ein eigentliches R e c h t, das die Kompetenzen zwischen Gemeinde und Amt abgrenzte. Denn davon kann nur die Rede sein, wenn es eine Macht über beiden giebt. Man kann also die Gemeinde insofern noch souverän nennen, obwohl der Ausdruck leicht irreführt. Ihr Wille ist unter allen Umständen ein starker moralischer Faktor. In Zeiten einer Spannung zwischen den Amtsträgern und „Laien" ist ein fester Damm, der jene schützte, nicht vorhanden. Aber damit verträgt es sich, dass für gewöhnlich das Presbyterkolleg als oberste Gewalt in der Gemeinde unbestritten dasteht. Ein Unterschied, wie ihn Loening in dieser Hinsicht zwischen den Pastoralbriefen und Klemens fixiert, ist durchaus fragwürdig, wenn man nur bedenkt, wie verschieden der Anlass ist, aus dem jene und dieser hervorgehen.

Nach diesen grösstenteils kritischen Erörterungen haben wir uns vor allem jene ἀρχηγοὶ τῆς στάσεως näher anzusehen, auf welche Klemens wiederholt zu reden kommt. Zuvörderst ist es nötig, die Stellung, welche sie gegenüber d e r G e m e i n d e einnahmen, zu beachten. Hier drängt sich sogleich eine wichtige Beobachtung auf.

Nicht in dem Sinne nämlich können sie als Führer des Aufstandes angesehen werden, als ob sie eine Sache der Gemeinde gegen die Presbyter geführt hätten als hervorragendste, intelligenteste Glieder der Gemeinde. Vielmehr scheint durch, dass d i e G e m e i n d e i h r e S a c h e v e r t r a t. S i e m ü s s e n i r g e n d w i e i n e i n e n G e g e n s a t z g e g e n d i e P r e s b y t e r g e t r e t e n s e i n, u n d d i e G e m e i n d e e r g r i f f d a n n i h r e P a r t e i. Ich berufe mich hiefür nicht darauf, dass sie als „Anfänger der Auflehnung", als die, „die den Grund der Empörung gelegt haben", charakterisiert werden (s. oben S. 7); diese Worte lassen sich anders verstehen. Aber folgende Gründe sprechen dafür.

Bemerkenswert ist schon die Stelle 47₂ f., nach welcher jene Männer der Gemeinde ähnlich gegenüber stehen, wie einst Paulus, Kephas und Apollos denen, die sich nach ihnen benannten (1. Kor. 1). Was ihren Wert betrifft, so weist Klemens zwar ihre Vergleichbarkeit mit den apostolischen Männern energisch genug ab (47₅); aber sie sind es doch, denen die Gemeinde jetzt anhängt (προσχλιθῆναι), wie einst jenen. Die Gemeinde scheint sie also als ü b e r s i c h s t e h e n d anzuerkennen. Aehnlich klingt 14₂: βλαβὴν γάρ οὐ τὴν τυχοῦσαν, μᾶλλον δὲ κίνδυνον ὑποίσομεν μέγαν,

ἐὰν ῥιψοκινδύνως ἐπιδῶμεν ἑαυτοὺς τοῖς θελήμασιν
τῶν ἀνθρώπων (vgl. τ. θεῷ § 1), οἵτινες ἐξακοντίζουσιν
εἰς ἔριν καὶ στάσεις κτλ. Doch ist die überstürzte Hingabe an
einen fremden Willen auch dann ein verständlicher Ausdruck,
wenn die Gemeinde von den Führern nur in die Bewegung hinein-
gerissen wurde. Bestimmter aber reden die Stellen 47₆ und 54₁f.
Namentlich die zweite ist lehrreich. Allerdings lautet der Anfang:
τίς οὖν ἐν ὑμῖν γενναῖος; τίς εὔσπλαγχνος; τίς πεπληροφορημένος
ἀγάπης; (nach Phil. 2₁?) fast so, als ob an beliebige Gemeinde-
glieder gedacht wäre. Aber wenn nun die Forderung, in Selbst-
verleugnung die Gemeinde zu verlassen, ausgesprochen wird, so
können nur die ὀλίγα πρόσωπα (deren immerhin mehr als eines
oder zwei (47₆) gewesen sein müssen) angeredet sein. Das ergiebt auch die Parallele 47₆. An beiden Stellen wird nämlich
angedeutet, dass der Aufruhr „um dieser Leute willen" (δι'
ἐμέ — δι' ἓν ἢ δύο πρόσωπα) entstanden sei. Diesen Ausdruck
deckt nur die oben gemachte Annahme, dass die Gemeinde für sie
Partei ergriff in einer Sache, die zunächst jene angieng. Das wird
vollauf durch den weiteren Inhalt des 54. Kap. bestätigt. Er enthält die Voraussetzung, dass der ganze Streit gegenstandslos
sein würde, wenn diese Personen aus der Gemeinde verschwänden,
wobei die Annahme, dass die Gemeinde solches fordere, zunächst
hypothetisch ist. Waren sie nur die Wortführer, so konnte ihre
Entfernung kaum die Bürgschaft für das Ende des Streites sein.
Ferner sei auf 16₁ und 57₂ verwiesen. Dort schreibt Klemens:
ταπεινοφρονούντων (γάρ) ἐστιν ὁ Χριστός, οὐκ ἐπαιρομένων
ἐπὶ τὸ ποίμνιον αὐτοῦ. Wäre dies an die Adresse der
eigentlichen Gemeinde gerichtet, so würde etwa dem ταπεινοφρονεῖν der Ungehorsam gegen die Vorsteher entgegengestellt sein;
ist das nicht der Fall, so sind die Führer gemeint. Man kann den
Worten nur durch zwei Annahmen gerecht werden: entweder liegt
eine blosse Insinuation des Klemens vor, er will die Männer als
hochmütig und egoistisch darstellen; wahrscheinlicher aber ist
es, dass es sich wirklich um eine Stellung der Führer handelte, die
sie über (ἐπί) die Gemeinde hinaushob. Denn auch 57₂ ruft Klemens gerade den Führern zu: μάθετε ὑποτάσσεσθαι ἀποθέμενοι
τὴν ἀλάζονα καὶ ὑπερήφανον τῆς γλώσσης ὑμῶν αὐθάδειαν· ἄμεινον
γάρ ἐστιν ὑμῖν ἐν τῷ ποιμνίῳ τοῦ Χριστοῦ μικροὺς καὶ
ἐλλογίμους ὑμᾶς εὑρεθῆναι, ἢ καθ' ὑπεροχὴν δοκοῦντας
ἐκριφῆναι ἐκ τῆς ἐλπίδος αὐτοῦ. Scheint nicht auch hier an eine
eigenartige Stellung der fraglichen Männer innerhalb der Gemeinde
gedacht zu sein? Ein blosses sich Vordrängen im Reden und
Lärmen wider die Vorsteher würde diesen Gegensatz zwischen be-
scheidener Stellung in der Gemeinde und ausserordentlichem Ansehn wohl nicht genügend erklären. Endlich beachten wir, dass

Klemens in seiner ganzen Darstellung das Bestreben verrät, die Gemeinde von diesen Leuten zu trennen. Er redet sie selbst nur selten an (c. 54 u. 57); nicht mit ihnen hat er zunächst zu verhandeln; wo er mit ihnen redet, sind seine Worte, sei es in der Sache, sei es im Tone von besonderer Schärfe [1]), er spricht vom Verlassen der Gemeinde oder fordert gebieterisch Unterwerfung. Meist redet er von ihnen zur Gemeinde, wiederholt unterscheidet er sie scharf von ihr (14 2 51 1 57 1 vgl. 56 16). Er sucht sie der Gemeinde gegenüber zu diskreditieren; verächtlich spricht er von ἐν ᾗ δύο πρόσωπα (47 6); verächtlich ruft er aus: seht euch die Leute an, die euch in Verwirrung gebracht haben! (νυνὶ δὲ κατανοήσατε, τίνες ἡμᾶς διέστρεψαν. 47 5). Mannigfach fällt er über ihren Charakter ungünstige Urteile.

Was wirft er ihnen vor? Lassen sich hier weitere Schlüsse ziehen? Die bemerkenswertesten (grossenteils schon angeführten) Aeusserungen mögen hier zusammengestellt werden. 1 1: ὀλίγα πρόσωπα προπετῆ καὶ αὐθάδη. 14 1: τοῖς ἐν ἀλαζονείᾳ καὶ ἀκαταστασίᾳ μυσεροῦ ζήλους ἀρχηγοῖς. 14 2: οἵτινες ἐξακοντίζουσιν εἰς ἔρεις καὶ στάσεις, εἰς τὸ ἀπαλλοτριῶσαι ἡμᾶς τοῦ καλῶς ἔχοντος. 15 1: κολληθῶμεν τοῖς μετ᾽ εὐσεβείας εἰρηνεύουσιν, καὶ μὴ τοῖς μεθ᾽ ὑποκρίσεως βουλομένοις εἰρήνην. 16 1: ταπεινοφρονούντων ἐστὶν ὁ Χριστός, οὐκ ἐπαιρομένων ἐπὶ τὸ ποίμνιον αὐτοῦ. 21 5: μᾶλλον ἀνθρώποις ἄφροσι

---

1) Man hat, namentlich nachdem Bryennios' Entdeckung den Brief vervollständigt hatte, sehr stark die „gewaltige Sprache" hervorgehoben, welche sich die römische Gemeinde der korinthischen gegenüber erlaube. S. bes. Harnack, Theol. Lit.-Ztg. 1876 Nro. 4 Sp. 102 f. (auch in der Ausgabe des Briefes Prolegg. XLVIII n. 4), im Anschluss an ihn Uhlhorn, R. E. [2] III 253 f.; vgl. auch G. Salmon im Dictionary of Christian biography von Smith und Wace, Art. Clemens Rom. Vol. I p. 558. Ob nicht diese Urteile etwas einzuschränken sind? Sie ruhen doch wohl mehr auf einem Rückschluss aus der spätern Bedeutung Roms als auf der Haltung des Briefes selbst. Dass ein solcher Brief das Ansehn der Römer zu steigern im Stande war und insofern auch als ein Schritt auf dem Wege zum Primate Roms anzusehen ist, dass nur eine grosse und hochangesehene Gemeinde so reden konnte, ist gewiss. Aber wäre gleicher Ton und gleiche Haltung undenkbar, wenn damals Korinth Rom gegenüber bei ähnlichem Anlass das Wort ergriffen hätte? Dass die römische Gemeinde ihre Mahnungen auf Gott und den heiligen Geist zurückführt, bezw. als Gebote Gottes hinstellt (s. 56 1 59 1 63 2), ist zunächst nur ein Ausdruck des Vertrauens auf das Recht der vertretenen Sache. Dass sie von ihren Gesandten sagt, sie sollten „Zeugen" (μάρτυρες) sein zwischen ihr und Korinth (63 3), ist, wie das Folgende und Vorhergehende lehrt, keine barsche oder drohende Bemerkung. Auf die Bedeutung der römischen Gemeinde wird in keiner Weise Gewicht gelegt. Die Würde der fremden Gemeinde, die Schriftkenntnis ihrer Glieder wird mehrfach geflissentlich anerkannt (vgl. z. B. βεβαιοτάτη καὶ ἀρχαία Κορινθίων ἐκκλησία 47 6; 62 3; c. 1. 2). Gern sprechen die Römer in ihren Mahnungen kommunikativ (z. B. 58 1 63 1).

καὶ ἀνοήτοις καὶ ἐπαιρομένοις καὶ ἐγκαυχωμένοις ἐν ἀλαζονείᾳ τοῦ λόγου αὐτῶν προσκόψωμεν ἢ τῷ θεῷ· 57₂: μάθετε ὑποτάσσεσθαι ἀποθέμενοι τὴν ἀλάζονα καὶ ὑπερήφανον τῆς γλώσσης ὑμῶν αὐθάδειαν. Nahe liegt es, auch Wendungen wie 30₆: αὐτεπαινέτους μισεῖ ὁ θεός, 30₈: θράσος καὶ αὐθάδεια καὶ τόλμα τοῖς κατηραμένοις ὑπὸ τοῦ θεοῦ, 32₄: οὐ δι᾽ ἑαυτῶν δικαιούμεθα οὐδὲ διὰ τῆς ἡμετέρας σοφίας ἢ συνέσεως κτλ., 48₆: τοσούτῳ γὰρ μᾶλλον ταπεινοφρονεῖν ὀφείλει, ὅσῳ δοκεῖ μᾶλλον μείζων εἶναι καὶ ζητεῖν τὸ κοινωφελὲς πᾶσιν καὶ μὴ τὸ ἑαυτοῦ (vgl. auch c. 3 ff. über den ζῆλος) als auf die Führer der Bewegung bezüglich zu fassen.

Die Anklagen lauten also auf Frechheit, Anmassung, Hochmut, Prahlerei, Eigenruhm, Unbotmässigkeit, Selbstsucht (ζητεῖν τὸ ἑαυτοῦ), Eifersucht (ζῆλος) [1]), Unverstand, Heuchelei [2]).

Dies alles lehrt uns nichts wesentlich Neues. Am beachtenswertesten sind die Worte, welche von Rühmen, Prahlen, Anmassung und Selbstsucht (bes. 21₃ u. 48₆) der Gegner sprechen. Sie passen auf Leute, welche für sich selbst Ansprüche erhoben und die eigne Person in den Vordergrund stellten. Uebrigens aber geben die mitgeteilten Stellen Anlass zu folgender Bemerkung. In der Erörterung der uns beschäftigenden Frage hat man nicht selten die Urteile des Klemens einfach acceptiert und hat so in dem Hochmut und der Selbstüberhebung jener Personen die Erklärung für die Entstehung des Streites gefunden. Mit dergleichen allgemeinen Hinweisen ist aber für die geschichtliche Erklärung so weitgreifender Zwistigkeiten, wie die korinthischen gewesen sein müssen, nichts geleistet [3]). Obendrein sollte es selbstverständlich sein, dass die Attribute, mit welchen Klemens seine Gegner bedenkt, uns nicht sagen, wie das Verhalten der Führer war, und aus welchen Wurzeln es wirklich hervorwuchs, sondern wie es erscheinen konnte und dem Klemens that-

---

1) „Eifersucht" oder „Neid" ist keine ganz entsprechende Wiedergabe von ζῆλος. ζῆλος ist um eine Nuance objektiver, dem Begriffe ἔρις sich nähernd (s. 14'₁, auch 63₈).

2) Ob 15₁ auf eine Behauptung der Aufrührer, dass sie nur den Frieden wollten, (Lipsius a. a. O. p. 115, auch Knödel, Hist. Analekt. aus dem 1. Br. des Clem. Rom. Theol. Studd. u. Kritt. 1862 S. 769) anspielt, ist nicht auszumachen.

3) Auch hinsichtlich der ganzen Gemeinde ist wegen der entsprechenden Mahnungen des Schreibens viel mit Mangel an Liebe und Demut, Freiheitsgeist oder launiger Willkür und andern Allgemeinheiten operiert worden. Am weitesten geht in dieser ganz abstrakten Ausbeutung moralischer Kategorien für die Erkenntnis der korinth. Verhältnisse Gundert (in seinen nach einigen Seiten nicht verdienstlosen Aufsätzen in der Zeitschr. für luth. Th. u. Kirche 1853 u. 1854). Aber auch bei andern, z. B. Hilgenfeld fehlt es nicht an Beispielen.

-sächlich erschien[1]). Ihm war es ja von vornherein Unverstand
oder Hochmut oder Verachtung des göttlichen Willens, wenn
jemand sich der kirchlichen Ordnung nicht unterwarf, aus welchen Gründen es immer geschehen mochte. Die Gemeinde von
Korinth hingegen wird sicher keine προπέτεια und ὑπερηφανία
an denen gerügt haben, denen sie folgte; sie sprach von ihren
Vorzügen und wohlbegründeten Rechten. Mag darum persönlicher
Ehrgeiz, Selbstsucht u. dergl. mitgespielt haben, so ist dies für
uns ein Faktor, der sich jeder Abschätzung entzieht. Bedeutsam
aber ist es, dass Klemens ausser jenen Urteilen, welche mit ihrer
Erhebung gegen die Presbyter unmittelbar gegeben waren, nichts
Nachteiliges gegen Charakter oder Lehre der Führer vorbringt;
es ist ein vollgiltiger Beweis, dass er nichts vorzubringen wusste.
Sonst würde er nicht unterlassen haben, es auszubeuten.

Aber worauf gründete sich das Ansehen, das
diese Männer in der Gemeinde genossen? was war es, dessen sie
selber sich rühmten? Es empfiehlt sich, zur Beantwortung dieser
Fragen von den drei Stellen auszugeben, in welchen Lipsius in seiner
mehrerwähnten Monographie[2]) eine Beschreibung der Gegner des
Klemens gefunden hat : 1) 13₁ : ταπεινοφρονήσωμεν οὖν,|ἀδελφοί, ...
καὶ ποιήσωμεν τὸ γεγραμμένον· λέγει γὰρ τὸ πνεῦμα τὸ ἅγιον·
Μὴ καυχάσθω ὁ σοφὸς ἐν τῇ σοφίᾳ αὐτοῦ μηδὲ ὁ ἰσχυρὸς ἐν
τῇ ἰσχύϊ αὐτοῦ μηδὲ ὁ πλούσιος ἐν τῷ πλούτῳ αὐτοῦ, ἀλλ’ ἢ
ὁ καυχώμενος ἐν κυρίῳ καυχάσθω κτλ. — 2) 38₁ ff.: Σωζέσθω οὖν
ἡμῶν ὅλον τὸ σῶμα ἐν Χριστῷ Ἰησοῦ καὶ ὑποτασσέσθω ἕκαστος
τῷ πλησίον αὐτοῦ, καθὼς καὶ ἐτέθη ἐν τῷ χαρίσματι αὐτοῦ.
Ὁ ἰσχυρὸς τημελείτω τὸν ἀσθενῆ, ὁ δὲ ἀσθενὴς ἐντρεπέτω
τὸν ἰσχυρόν· ὁ πλούσιος ἐπιχορηγείτω τῷ πτωχῷ, ὁ δὲ πτωχὸς
εὐχαριστείτω τῷ θεῷ, ὅτι ἔδωκεν αὐτῷ, δι’ οὖ ἀναπληρωθῇ αὐτοῦ
τὸ ὑστέρημα. Ὁ σοφὸς ἐνδεικνύσθω τὴν σοφίαν αὐτοῦ μὴ ἐν
λόγοις, ἀλλ’ ἐν ἔργοις ἀγαθοῖς. Ὁ ταπεινόφρων μὴ ἑαυτῷ
μαρτυρείτω, ἀλλ’ ἐάτω ὑφ’ ἑτέρου ἑαυτὸν μαρτυρεῖσθαι· ὁ ἁγνὸς
ἐν τῇ σαρκὶ μὴ ἀλαζονευέσθω, γινώσκων, ὅτι ἕτερός ἐστιν ὁ ἐπι-
χορηγῶν αὐτῷ τὴν ἐγκράτειαν. — 3) 48₅ f.: ἤτω τις πιστός,
ἤτω δυνατὸς γνῶσιν ἐξειπεῖν, ἤτω σοφὸς ἐν διακρίσει
λόγων, ἤτω ἁγνὸς ἐν ἔργοις[3]). τοσούτῳ γὰρ μᾶλλον ταπεινο-

---

1) Natürlich werden gegen die Gemeinde als Ganzes häufig die
gleichen Vorwürfe gerichtet.
2) A. a. O. p. 110 f. Vgl. auch Hilgenfeld, Apost. Väter S. 79 und
Novum Test. extra canonem receptum, fasc. I (Ausgabe des Klemensbr.)
1866 Prolegg. p. XXXIII sq. (Die 2. Aufl. mir nicht zugänglich.)
3) Wahrscheinlich hat Lightfoot (z. St. u. Append. S. 440) Recht,
wenn er gegen ACS wegen der Härte der Verbindung ἁγνὸς ἐν ἔργοις
nach Clem. Alex. die LA: ἤτω γοργὸς (eifrig) ἐν ἔργοις, ἤτω ἁγνὸς bevor-
zugt. Clem. Al. zitiert den Passus zweimal: Strom. I, (p. 389 ed. Potter)

φρονεῖν ὀφείλει, ὅσῳ δοκεῖ μᾶλλον μείζων εἶναι καὶ ζητεῖν τὸ κοινωφελὲς πᾶσιν, καὶ μὴ τὸ ἑαυτοῦ.

Die erste dieser drei Stellen bleibt als Zitat (vgl. Jerem. 9 23
und 1. Sam. 2 10 mit 1. Kor. 1 31) füglich aus dem Spiele. Sie
kann höchstens bestätigen, was die beiden andern sagen. Bieten
diese denn nun aber wirklich Beschreibungen der Gegner? Es
wäre doch so befremdlich nicht, wenn Klemens nur allgemeine
Regeln ausspräche, wie sie damals jeder Gemeinde gegeben werden
konnten. Liest man z. B. die Worte, welche der zweiten unter
den angeführten Stellen unmittelbar vorhergehen (37 5 ff.), so ist
zwar eine allgemeine Beziehung auf die korinthischen Verhältnisse
nicht zu verkennen, aber eben auch nur eine allgemeine. Denn
die besondere Wendung, welche dem Bild vom Leibe und seinen
Gliedern gegeben wird, ist nicht die zu erwartende. Der Satz,
dass Haupt und Füsse gleicherweise auf einander angewiesen sind,
wird nicht dahin weiter geführt, dass einige Glieder vorzüglich
wichtig sind, denen die andern sich unterzuordnen haben, vielmehr
wird gerade vom Werte der geringsten Glieder für den ganzen
Körper gesprochen. Allein im Schlusssatze der dritten Stelle
τοσούτῳ γὰρ μᾶλλον κτλ. liegt allerdings (s. S. 28), eine entschie-
dene Aufforderung die vorhergehenden Worte (und (bein auch
c. 38) bestimmt auf die Parteihäupter zu deuten. ·Ⴌ·ϧ ist es ja,
was ihnen c. 54 zugemutet wird, dass sie nicht das ihre suchen,
sondern das Gemeinwohl bedenken sollen. Und das ist es, was
von ihnen vorausgesetzt wird, dass sie „Grosse" (vgl. μείζων) sind
in der Gemeinde, καθ᾽ ὑπεροχὴν δοκοῦντες. So scheinen beide
Stellen doch eine Art Katalog der Ruhmestitel der Führer zu
sein. Hilgenfeld folgert darum aus 48 5 f. ohne Weiteres: „fidei
igitur vi et constantia, scientiae spiritualis luce, litium diiudican-
darum sapientia, agendi alacritate, vitae caelibis castitate ii glo-
riabantur, qui Corinthios impulerunt, ut nonnullis senioribus, qui-
bus fortasse propter nimiam senectutem (!) illae virtutes deesse
videbantur, obedientiam denegarent"[1]). Ebenso hat Lipsius sie als
Leute·, die vor allem durch Weisheit der Rede (σοφός . . . ἐν
λόγοις), durch tiefere Schriftkenntnis (γνῶσις), durch die Gabe
geistgewirkte Reden zu prüfen (διάκρισις λόγων) und durch ge-
schlechtliche Enthaltsamkeit (ἁγνεία) hervorragten, charakterisiert.
Indessen so einfach und klar, wie die genannten Gelehrten an-
nehmen, liegt die Sache dennoch nicht. Ihre Exegese ist erheb-
lichen Bedenken ausgesetzt. Sie scheint freilich auf den ersten

und VI6 (p. 772 sq.). Das erste Mal fehlt ἁγνός ganz, beide Male aber
liest er γοργὸς ἐν ἔργοις. Der Schlusssatz τοσούτῳ γάρ κτλ. nur an der
zweiten Stelle.
    1) Nov. Test. etc. a. a. O. XXXV sq. In dieser Weise auf das Alter
der Beamten zu rekurrieren, ist ein recht seltsamer Einfall.

Blick eine starke, vom Briefe selbst unabhängige Stütze zu haben.
Lassen sich nicht die Bemerkungen des Klemens in unmittelbare
Verbindung bringen mit dem Bilde, welches wir uns nach der
Darstellung des Paulus von der korinthischen Gemeinde seiner
Zeit machen dürfen? [1]) Wenn Paulus seine Leser als ζηλωταί
πνευμάτων bezeichnet (1. Kor. 14 12), wenn er eine Ueberschätzung
der Weisheit (c. 2 ff.), der γνῶσις (c. 8), vielleicht auch der Ehe-
losigkeit (c. 7) bekämpft, wenn er sich gegen eine falsche Ver-
gleichung der Charismen unter einander (c. 12) wendet, gegen
eine durch ihr Geltendmachen entstandene Unordnung zu streiten
hat (c. 14), — sind das nicht alles Parallelen zu den Ausführungen des römischen Schreibens, welche zu dem Urteil nötigen, dass
die Zustände, mit denen Paulus zu thun hatte, bis in die spätere
Zeit hinabreichten? Der Gedanke an solche Nachwirkungen führt
aber doch nicht über allgemeine Möglichkeiten hinaus. Schon
das ist fraglich, ob das im 1. Korintherbriefe bezeugte starke Hervortreten der pneumatischen Fragen wirklich so einzig und spezifisch gerade auf Rechnung dieser einen Gemeinde zu setzen ist.
Unsere Kenntnis der ältesten Gemeindeverhältnisse ist so lückenhaft, dass wir nicht behaupten dürfen, dieselben Gefahren, welche
in Korinth bestanden, hätten andern Gemeinden nicht gedroht.
Viel wicht: ist ein anderes, was Lipsius und Hilgenfeld gar
nicht gewürdigt haben. Es giebt noch eine zweite Erklärung für
die Uebereinstimmung des Klemens mit dem ersten Korintherbrief, und die Richtigkeit derselben liegt am Tage. Wir haben
nicht an einen reellen Zusammenhang der Verhältnisse zu denken,
sondern an literarische Abhängigkeit. Wenn Klemens 47 1 die
Leser auffordert: ἀναλάβετε τὴν ἐπιστολὴν τοῦ μακαρίου Παύλου
τοῦ ἀποστόλου, so hat er jedenfalls, bevor er sein Schriftstück
aufsetzte, den 1. Korintherbrief selbst zur Hand genommen. In
der That zur Hand genommen, nicht blos im Allgemeinen ge-
kannt. Dass er bei dieser Gelegenheit eine Anlehnung an die
grosse Autorität suchte, ist an sich wahrscheinlich, namentlich bei
einem Manne, der überhaupt nicht über viele Gedanken verfügte und
ein Schriftsteller zweiten Ranges ist; durch den Brief wird es gewiss.
Es ist nicht ohne Interesse, zu bemerken, wie verschieden der 1.
Korintherbrief und der Hebräerbrief — die Spuren der andern
neutestamentlichen Schriften sind nicht so deutlich und häufig
— auf sein Schreiben eingewirkt haben. Der Hebräerbrief ist,
abgesehen von der Anfangsstelle, welche c. 36 übernommen wird,
vorwiegend von Einfluss in der ganzen Haltung und Farbe, in
Wendungen und Begriffen, — die Entscheidung, ob Abhängigkeit oder blosse Verwandtschaft vorliegt, ist demgemäss im

---

1) S. Lipsius a. a. O. p. 111 f.

im einzelnen Fälle ziemlich schwer; der 1. Korintherbrief hingegen ist in höherem Grade Vorlage, und die Verwandtschaft beschränkt sich auf einzelne Themen und Partien. Die Bezüge von c. 24 auf 1. Kor. 15 sind oben (S. 4 Anm. 2) genannt; in den Partien, die uns jetzt interessieren, ist die Anlehnung noch stärker [1]). Das Bild vom Leibe und den Gliedern (c. 37 f.) macht den Anfang [2]), ebenso wie 1. Kor. 12 ist mit ihm der Hinweis auf die Charismen verbunden; c. 47 wird (man wundert sich fast, dass es so spät geschieht) 1. Kor. 1 förmlich angezogen; 48 $_5$ ff. aber entspricht wieder 1. Kor. 12. Und genau wie auf dies das 13. Kapitel folgt, lässt auch Klemens in c. 49 einen Preis der Liebe folgen. Die Betrachtung des Einzelnen führt gerade bei c. 48 $_5$ ff. noch weiter. Nicht alle Charismen freilich, welche Paulus 1. Kor. 12 $_{8-8}$ erwähnt, finden wir in unserm Briefe wieder, und Klemens nennt wenigstens eins, welches 1. Kor. 12 fehlt: die ἁγνεία [3]). Aber nicht nur entspricht dem λόγος σοφίας bei Paulus das σοφός, dem λόγος γνώσεως das δυνατός γνῶσιν ἐξειπεῖν, sondern auch der διάκρισις πνευμάτων die διάκρισις λόγων (sc. πνευματικῶν [4])) und, was besonders erwähnenswert, da πίστις nicht leicht als χάρισμα gezählt wird, der πίστις das πιστός. Weniger deutlich ist die Verwandtschaft von c. 38 $_1$ ff. mit dem 1. Korintherbrief. Die Mahnung, der Weise zeige seine Weisheit in Werken, nicht in Reden [5]), kann auf 1. Kor. 4 $_{19.\ 20}$, die Erinnerung, dass

---

1) Beachtenswert ist jedoch, wie frei gleichwohl der Gebrauch ist. Die Kapp. 24 ff. behandeln das Thema von 1. Kor. 15 im Ganzen doch eigenartig. 1. Kor. 13 wird c. 49 nicht zitiert, sondern nachgebildet, auch 1. Kor. 12 wird c. 37 nicht sklavisch ausgeschrieben. An den beiden ersten Stellen sieht es fast aus, als wenn Klemens ein Seitenstück zu den betr. Abschnitten des paulin. Briefes liefern wollte. Suchte er eine gewisse Originalität zu zeigen? Sie wird ja nicht selten durch Nachahmung erstrebt.

2) Schon vorher jedoch (37 $_4$) zeigt das σύγκρασίς τίς ἐστιν ἐν πᾶσιν den Einfluss des paulinischen ὁ θεὸς συνεκέρασεν τὸ σῶμα (1. Kor. 12 $_{24}$).

3) S. jedoch S. 29 Anm. 3.

4) So auch Lipsius; von Hilgenfeld a. a. O. p. XXXV n. 3 auf die praesides ecclesiastici bezogen. Die angeführten Stellen sind nicht beweisend.

5) Hilgenfeld (Apost. Väter S. 78 f., Ausgabe p. XXXIII, vgl. auch Lipsius p. 111) verbindet mit dieser Stelle noch zwei andere, um zu erweisen, dass Klemens als Hauptquelle der korinthischen Unruhen eine Weisheit im Auge habe, deren Hochmut in Form und Inhalt der Rede hervortrete, nämlich 1) 21 $_5$: ἀνθρώποις . . . ἐγκαυχωμένοις ἐν ἀλαζονείᾳ τοῦ λόγου αὐτῶν. 2) 30 $_3$: ἐνδυσώμεθα τὴν ὁμόνοιαν .. ἔργοις δικαιούμενοι καὶ μὴ λόγοις. λέγει γάρ· ὁ τὰ πολλὰ λέγων καὶ ἀντακούσεται ἢ ὁ εὔλαλος οἴεται εἶναι δίκαιος; εὐλογημένος γεννητὸς γυναικὸς ὀλιγόβιος. μὴ πολὺς ἐν ῥήμασιν γίνου (Job 11 $_2$ f.). Allein in ersterer Stelle ist ἀλαζονεία τοῦ λόγου eben dasselbe wie das einfache ἀλαζονεία (vgl. 57 $_2$: ἀλάζων . . . τῆς γλώσσης ὑμῶν αὐθάδεια). Die zweite Stelle drückt einen

Gott es ist, der die ἐγκράτεια verleiht, kann auf 1. Kor. 7 ₇ zurück-
gehen. Mehr ist nicht zu sagen.

Ist dies die Sachlage, woher nimmt man dann das Recht,
die Einzelheiten dieser Kapitel für die Charakteristik der Führer
zu verwenden? Was Anspielung sein könnte, kann auch blosse
literarische Reminiszenz sein. Ueberdies machen die fraglichen
Worte unbefangen betrachtet nicht gerade den Eindruck, als ob
sie speziell auf einzelne Eigentümlichkeiten bestimmter Leute ge-
münzt wären. Nicht nur zeigen beide Stellen mit einander verglichen einige Verschiedenheit. Wichtiger ist, dass c. 38 neben
dem σοφός auch der ἰσχυρός[1]) und πλούσιος (diese Begriffe sind
Reminiszenz an das 13 ₁ angeführte Zitat), ja der ἀσθενής und
πτωχός, neben dem ἀγνός auch der ταπεινόφρων seine Regel erhält; ganz als handelte es sich um eine lehrhafte Auseinander-
setzung, nicht um eine Ausführung mit persönlicher Spitze. Will
man diese finden, so kann man, wenn die Auslegung nicht prin-
ziplos sein soll, nur den Ausweg wählen, auch die Mahnungen
an den Reichen, Demütigen u. s. f. auf die Parteihäupter zu deuten. Lipsius ist so konsequent, diesen Ausweg zu beschreiten[2]).
Aber man schafft auf diese Weise nur neue Schwierigkeiten, wie
denn die Erwähnung des πτωχός und ἀσθενής auch so etwas In-
konzinnes behält. Ich komme hierauf zurück. Vorläufig kann
es wohl als eine sehr unwahrscheinliche Annahme gelten, dass
reiche Leute, wenn sie hartherzig waren (wie Lipsius dies aus
c. 38 folgern muss), ein solches Ansehen fanden. Denn wenn
auch Jak. 2 ₁ ff. zeigt, dass es schon früh genug Christen gab, die
der Wirkung goldener Ringe und prächtiger Kleider zugänglich
waren, so müsste doch hier ein Einfluss der äusseren Stellung
angenommen werden, der für eine Christengemeinde jener Zeit
undenkbar ist. Ganz andere Anzeichen müssten wir im Briefe
finden, um dergleichen zu glauben.

überhaupt im christlichen Altertum häufigen Gedanken aus. (S. z. B.
Did. 2 ₈ und die in Harnacks Note angezogenen Stellen, vgl. auch
1. Klem. c. 15). Das Zitat Iob 11 ₉ f. würde freilich recht gut auf Leute
passen, die besondrer Redegabe sich rühmten. Der Zusammenhang
(30 ₈ ff.) zeigt jedoch, dass das δικαιοῦσθαι λόγοις identisch ist mit Selbst-
ruhm überhaupt: wer sich selbst rühmt, ohne entsprechende Werke zu
verrichten, dessen δικαιοσύνη ist nur ἐν λόγοις vorhanden. So ist auch
hier nicht ersichtlich, dass Klemens besondere rednerische Geschicklich-
keit im Auge hat. Vgl. Ecco Ekker, Disquisitio crit. et histor. de
Clem. Rom. priore ad Corinth. epistola. Traject. ad Rhen. 1854 p. 81 sq.

1) Fälschlich wird Hilgenfeld (ap. V. S. 79) durch das ἰσχυρός an
Christen erinnert, die in das Christentum „die hellenische Bildung und
Aufklärung herübergenommen hatten".

2) P. 115 sq. Hilgenfeld geht (Ausg. p. XXXIII sq.) über diese Schwierigkeit einfach hinweg.

Trotz dieser notwendigen Einwendungen gegen die von Hilgenfeld und Lipsius vorgetragene Exegese halte auch ich ihren Hauptsatz für richtig, dass nämlich die ἀρχηγοί τῆς στάσεως ihre besondere Stellung in der Gemeinde ihrer pneumatischen Begabung verdankten. Differenzen der Lehre können nicht in Frage gekommen sein. Was man nach dieser Seite in früherer Zeit aus dem Schreiben der Römer herausgelesen hat, darf als endgiltig beseitigt gelten [1]. Die Vermutung, dass blosses äusseres Ansehen und Uebergewicht, wie es Reichtum und hohe soziale Stellung hervorbringen, die Gemeinde gewann, ist eben schon in ablehnendem Sinne berührt worden. Der Brief legt sie nicht nahe, sie bietet keine genügende Erklärung, sie macht nicht begreiflich, wodurch gerade solche Leute in die Opposition gegen das Amt getrieben wurden. Die Vorzüge, welche damals entschieden, konnten nicht ausser Zusammenhang mit dem christlichen Leben stehen. So liegt es schon an und für sich nahe — denn ganz beliebige Leute können doch die Führer nicht gewesen sein — auf Vorzüge zu raten, welche sie als Christen κατ᾽ ἐξοχήν erscheinen liessen, d. h. auf Vorzüge geistlicher Art. Und gerade hierauf deutet das, was bisher aus den Andeutungen des Briefes ermittelt wurde. Dies wird klar, sobald man die beiden Thatsachen, welche wir fanden, kombiniert, dass jene Personen sich selber rühmten, eine besondere Bedeutung und Stellung beanspruchten, und dass sie dennoch des Ansehens in der Gemeinde nicht verlustig giengen, ja dass ihre Ansprüche die Gemeinde bewogen, für sie Partei zu nehmen. Was sie rühmten, war das πνεῦμα und seine χαρίσματα; was sie forderten, es geschah auf Grund des πνεῦμα. So wurden sie καθ᾽ ὑπεροχήν δοκοῦντες [2]) in der Gemeinde. Aber die pneumatische Begabung war wiederum nichts so Objektives, dass dieselben Leute nicht als ehrgeizige und hochmütige Streber hätten erscheinen können. Auch die Didache lässt erkennen, wie leicht man im Zweifel sein konnte, ob der „Geist" nur der Deckmantel für Egoismus und weltlichen Sinn war oder nicht. Dass aber weiter das charismatische Element in den Gemeinden jener Zeit leicht in einen Gegensatz gerade gegen das Amt geraten konnte, liegt in der Natur der Dinge. Beide Mächte verhielten sich wie Subjektivismus und feste Ordnung. Um so mehr muss man dann freilich mit Vorsicht jener Beurteilung des Streites

---

1) Vgl. Lipsius a. a. O. p. 119 ff. Gerade gegenüber den verwirrenden Phantasien und Einfällen von Schenkel, Gundert u. a. ist es ein Verdienst von Hilgenfeld und Lipsius, die Bedeutung der charismatischen Begabung im korinthischen Streite erkannt zu haben.

2) Vgl. Lucian, Peregrinus Proteus c. 11 f. Peregrinus gelangte als Pneumatiker nach Lucian zu so hohem Ansehn, dass „die andern wie Kinder gegen ihn erschienen" (Harnack, Prolegg. z. Did. S. 125).

gegenüberstehen, welche auf der dem Amte entgegenstehenden Seite alles auf persönliche Interessen, Umtriebe und illegitime Herrschaftsgelüste zurückführt. So gewiss Klemens der Vertreter des gesunden kirchlichen Gedankens ist, so sehr er im Rechte ist, wenn er den Frieden der Gemeinde als das höhere Gut jedem subjektivistischen Treiben überordnet, so gewiss sind doch im Allgemeinen derartige Konflikte nicht aus purer Willkür Einzelner entsprungen; vielmehr vertraten die Ansprüche der Pneumatiker doch ein in der Gemeinde selbst Geltendes und naturgemäss zur Geltendmachung Hindrängendes.

Aber wie sonderbar dann, dass Klemens nirgends deutlich und unverblümt über diese pneumatische Begabung seiner Gegner redet! Diese Thatsache müsste allerdings als ein schwerwiegender Einwand gegen die ganze Annahme erscheinen, wenn nicht jede andere Annahme dem gleichen Einwande ausgesetzt wäre; und zwar in verstärktem Masse. Denn ganz fehlt es doch nicht an einer Hindeutung auf die Art der gegnerischen Ansprüche. Das zeigen eben die Kapitel 38 und 48. Die Ausdeutung des Einzelnen in denselben haben wir aufgeben müssen. Aber dass Klemens überhaupt auf die Charismen — er gebraucht das Wort c. 38 im weitesten Sinne — zu reden kommt, und dass er bei dieser Gelegenheit nicht sowohl sie selbst rühmt, als ihre Verwendung zum Wohle der Gemeinde, ihre Unterordnung unter dasselbe fordert, das darf als ein Fingerzeig in der fraglichen Richtung gelten. Sind wir durch diese Behauptung genötigt, die oben an der Auffassung von Hilgenfeld und Lipsius geübte Kritik zurückzunehmen? Ich meine nicht. Das Sachverhältnis ist dieses. Das Thema selbst berührte Klemens, weil die Verhältnisse in Korinth ihn dazu aufforderten. Die Ausführung des Themas aber ist keine Photographie der Führer, sondern sie ist allgemein gehalten. Er zählte unter dem Einflusse des ersten Korintherbriefs die Dinge auf, die für ihn und seine Zeit überhaupt unter den Charismen in erster Linie standen. Namentlich hinsichtlich der ἁγνεία ist dies wichtig zu bemerken. Es ist möglich, dass die Führer Asketen waren, aber es ist ungewiss, und dass an beiden Stellen der ἁγνεία gedacht wird, macht es nicht gewisser. Gewiss ist nur, dass die Enthaltsamkeit damals allgemein als besondere Gnadengabe in Ehren stand [1]).

Befinden wir uns überhaupt auf der richtigen Fährte, so ist ganz abgesehen von den Einzelheiten jener Stellen der erste Gedanke der, dass die Thätigkeit des Lehrens und Erbauens

---

1) Vgl. Harnacks inhaltsreiche Noten zu Did. 6, u. 11,11. Leider ist der Ausdruck ποιῶν εἰς μυστήριον κοσμικὸν ἐκκλησίας so dunkel, dass man immer wieder an der Zuverlässigkeit des Textes zweifelt.

für die Gewinnung ihres Einflusses das Entscheidende war. Zu dieser Annahme führt alles, was wir über die Geistbegabten jener Zeit wissen, vor allem die unschätzbaren Nachrichten der Didache über die Propheten und Lehrer, die uns erst in den Stand gesetzt haben, hier lebensvolle Anschauungen zu gewinnen. Es giebt eine Stelle in unserm Briefe, welche überhaupt erst rechtes Licht zu empfangen scheint, wenn wir ganz bestimmt an solche Propheten und Lehrer denken. Allerdings kann die Vermutung nur mit Vorbehalt geäussert werden.

In dem öfter erwähnten 54. Kapitel wird der Vorschlag gemacht, die Parteihäupter möchten Korinth verlassen. Die Art, wie er vorgebracht wird, — als Appell an die Hochherzigkeit der Gemeinten — zeigt, dass Klemens seinerseits trotz aller scharfen Invektiven ihnen einen gewissen Respekt beweist, eine gewisse Würde zugesteht. Das Auskunftsmittel selbst aber, der Rat auszuwandern, ist merkwürdig, wenn an beliebige in der Gemeinde ansässige Leute gedacht ist. Begreiflich wird es dagegen, wenn wir die Stelle Did. 13₁ f. [1]) herbeiziehen. An eigentliche Wanderprediger ist zwar nicht zu denken; denn dass die Männer in Korinth bisher ansässig waren, ist unzweifelhaft. Aber jene Stelle zeigt uns, dass es nicht selten gewesen ist, dass Propheten (und Lehrer) auf längere Zeit, vielleicht auf die Dauer ihren Wohnsitz in einer fremden Gemeinde nahmen [2]). So versteht man, wie Klemens auf den Vorschlag geraten konnte [3]).

Ueber den eigentlichen Gegenstand und Anlass des Streites sind mannigfache Hypothesen aufgestellt worden. Knoedel [4]) z. B. hält es für sehr wahrscheinlich, dass „die Unruhestifter in Korinth irgend einer Kirchenstrafe verfallen gewesen waren, über die sie erbittert wurden, und der sie sich aus Hochmut nicht unterwerfen wollten". Gundert [5]) redet von der gesetzlichen Strenge des bisherigen Presbyteriums, welche der Gemeinde zum unerträglichen Drucke wurde. Hilgenfeld [6]) verteilt

---

1) Πᾶς δὲ προφήτης ἀληθινός, θέλων καθίσαι πρὸς ὑμᾶς, ἄξιός ἐστι τῆς τροφῆς αὐτοῦ. Ὡσαύτως διδάσκαλος ἀληθινός ἐστιν ἄξιος .... τῆς τροφῆς αὐτοῦ.

2) Klemens verheisst dem, der den Vorschlag befolgt: πᾶς τόπος δέξεταὶ αὐτόν. Zu δέχεσθαι s. z. B. Did. 11₄ Matth. 10₄₁. Natürlich liegt in den Worten kein Beweis.

3) Erwähnt sei hier noch die feine Vermutung von Lipsius (p. 112 n.), dass das von Paulus gesagte ἐπ' ἀληθείας πνευματικῶς ἐπέστειλεν ὑμῖν (47₃) mit Beziehung auf die Pneumatiker gesprochen sei. Das ἐπ' ἀληθείας wird so sehr gut erklärt. Doch ist auch ohne solche Pointe alles klar.

4) A. a. O. S. 768.

5) A. a. O. 1854 S. 82.

6) A. a. O. p. XXXVI.

Recht und Unrecht auf beide Seiten. Von den Presbytern weiss auch er, dass sie die Rechte der Gemeinde schmälerten und mehr Herren ihres Glaubens als Gehilfen ihrer Freude sein wollten; von den Gegnern, dass sie vielleicht sich selbst zu sehr erhoben, aber mit Recht eine Beteiligung der Jüngeren an der Gemeindeleitung forderten.

Ich verzichte darauf, andere, z. T. recht schwach begründete Vermutungen zu registrieren und im Einzelnen zu widerlegen, gehe auch auf früher bereits widerlegte Aufstellungen wie die von Rothe [1]) nicht ein, sondern beschränke mich darauf, auf einige Auffassungen Bezug zu nehmen, die mir vorzugsweise eine Berücksichtigung zu verdienen scheinen.

Mehrfach hat man die Ansicht ausgesprochen, dass die korinthische Bewegung als eine **prinzipielle Verwerfung** und Verneinung **jedes** der Gemeinde vorgeordneten **Amtes** zu verstehen sei. So sagt Harnack: „Cardo controversiarum in eo versabatur, utrum omnino in ecclesia certa muneris alicuius auctoritas valeret regnaretque an toti Christianorum gregi liceret, ex ipsius arbitratu res ecclesiasticas instituere, administrare, corrigere, reformare [2]). Diese Meinung hat viel Scheinbares. Warum wird 44₁ als Streitpunkt die „Würde des bischöflichen Amtes" (ἔρις ἐπὶ τοῦ ὀνόματος τῆς ἐπισκοπῆς) bezeichnet? Warum beruft sich Klemens 42₅ darauf, dass schon das Alte Testament die Einsetzung von Episkopen und Diakonen vorhersage? Warum wird für diese Einsetzung die Autorität der Apostel herbeigerufen (c. 42)? Warum Wert darauf gelegt, dass im Alten Testamente die bestimmten Dienste und Funktionen im Kultus bestimmten Amtspersonen übertragen sind (c. 40)? Warum wird hinsichtlich des römischen Heeres hervorgehoben, dass nicht alle ἔπαρχοι, χιλίαρχοι u. s. w. sind (37₃)? Alles das klingt, als solle das Amt gegen solche geschützt werden, die es überhaupt verwerfen und die Gemeinde zu ihrer eignen Herrin machen wollten. Allein man übersieht dabei, dass Klemens nicht von der Absetzung „der" Presbyter, sondern nur von der Absetzung „einiger" Presbyter erzählt (44₄). Diese kurze Notiz ist entscheidend. Gieng die allgemeine Stimmung auf Negation des Amtes selber, so begreift man nicht, weshalb ein Teil der Presbyter auf dem Posten blieb. Die verschiedene Behandlung der Beamten kann nur so gedeutet

---

1) Die Anfänge der christl. Kirche. S. dagegen Lipsius u. a.
2) Prolegg. z. Ausg. des Briefs p. LVI. Ebenso Uhlhorn in Herzogs R.E.² III₃₃₃: „Die streitige Frage ist nicht, ob das Regiment in der Gemeinde von einem, dem Bischof, oder von mehreren, dem Kollegium der Presbyter, geführt werden soll . . . [dies gegen Rothe], sondern ob überhaupt ein Regiment in der Gemeinde bestehen soll". Vgl. auch Knödel a. a. O. S. 766 ff.

werden, dass die Presbyter selbst ein verschiedenes Verhalten beobachteten. Man braucht nicht gerade anzunehmen, dass die nicht Abgesetzten sich auf die Seite der Gemeinde stellten, jedenfalls aber müssen sie gefügiger und zurückhaltender aufgetreten sein als ihre Amtsgenossen. Jene Beweisführungen des Klemens für die Notwendigkeit des Amtes bleiben auch so voll verständlich. Unter allen Umständen war der Streit ein Streit ἐπὶ τοῦ ὀνόματος τῆς ἐπισκοπῆς. Thatsächlich war die von den Aposteln beginnende und durch sie vorgesehene ordentliche Reihe der Amtsträger durchbrochen, und thatsächlich verneinte man die Autorität des Amtes, wenn es auch nur auf einen bestimmten Anlass und in einer bestimmten Beziehung geschah. Wenigstens in den Augen des Klemens. Das Amt war für ihn eine geheiligte Institution. Da er die Absetzung für unbegründet hält, sieht er es, von seinem Standpunkte aus konsequent, so an, als habe man keinen Respekt vor der durch den göttlichen Willen sanktionierten Ordnung selbst.

Also nicht um Abschaffung des Amtes selber handelte es sich. Und wenn nun ferner auch darauf nichts hinweist, dass ein bestimmter Teil der Gemeinde, etwa die Jüngeren, an dem Gemeinderegimente, von dem sie zuvor ausgeschlossen waren, Anteil zu haben wünschten, so bleibt kaum eine andere Möglichkeit übrig als die, dass das Streitobjekt in bestimmten Befugnissen zu suchen ist, welche die Presbyter für sich in Anspruch nahmen, die Gegner ihnen bestritten. Wir sind hier genötigt, auf c. 40 und 41, die beiden vielleicht schwierigsten Kapitel des ganzen Schreibens, genauer einzugehen. Ist überhaupt noch Weiteres zu ermitteln, so ist es dort zu finden.

Hören wir Lipsius[1]), so erlauben die Kapitel in der That nicht unwichtige Rückschlüsse. Nach seiner Ansicht wird die alttestamentliche Opferordnung in c. 40 und 41 als Typus für die christliche Abendmahlsfeier[2]) und die bei ihr einzuhaltende Ordnung aufgewiesen. In drei Punkten tritt das Typische hervor: es handelt sich in beiden Fällen um bestimmte Zeiten, einen bestimmten Ort des Gottesdienstes und um bestimmte Personen mit fixierten Funktionen. Weist der Verf. auf die verschiedenen λειτουργίαι bezw. διαχονίαι des alttestamentlichen Hohenpriesters, der Priester, Leviten und Laien[3]) hin, so hat er im Auge, dass Christus als Hoherpriester die eucharistischen Gebete vor Gott

---

1) Vgl. p. 38 sqq. p. 116 sq., auch Gundert a. a. O. 1854 S. 57 ff., Hilgenfeld, Nov. Test. etc. p. XXXVII und 87.

2) Vgl. bes. προσφοραί und λειτουργίαι 40₂ — εὐχαριστείτω 41₁.

3) Ueber λαός in den LXX und λαϊκός in den andern griechischen Uebersetzungen des A. T. vgl. Lightfoot zu 40₅ und Epistle to the Philippians² S. 245.

vertritt, dass die Presbyter (= ἱερεῖς) die Gemeindeoblationen
darbringen, die Diakonen (= Λευΐται) ihnen dabei zur Hand
gehen, die Laien der Feier beiwohnen, ihre Gaben mitbringen,
das Amen nach dem Dankgebete sprechen und die Elemente
geniessen. Der Anfangssatz von c. 41: ἕκαστος ἡμῶν, ἀδελφοί,
ἐν τῷ ἰδίῳ τάγματι εὐχαριστείτω θεῷ .... μὴ παρεκβαίνων
τὸν ὡρισμένον τῆς λειτουργίας αὐτοῦ κανόνα — macht die praktische
Beachtung dieses Unterschiedes der bei der Eucharistie Beteiligten
ganz direkt den Lesern zur Pflicht. Spricht Klemens ferner
davon, dass nur in Jerusalem und innerhalb Jerusalems nur an
einem bestimmten Orte, dem Altar in der Vorhalle des Tempels
geopfert werden durfte, so heisst das, dass die christliche Gemeinde
in einem bestimmten Hause das Herrnmahl feiern sollte, und
dass die Oblationen auf einem bestimmten Tische niederzulegen
waren. Ebenso ist an bestimmte Zeiten der Abendmahlsfeier
gedacht. Weshalb aber diese genaue Parallele zwischen alttestamentlichem und christlichem Kultus? Weil gerade in Bezug
auf das Herrnmahl in Korinth Streitereien[1]) vorgekommen waren.
Die „Führer" hatten nicht nur hinsichtlich der fungierenden Personen, sondern auch des Ortes und der Zeit der Feier die geltende
Ordnung angetastet und die Willkür proklamiert[2]).

Gleich hier sei bemerkt, dass die Beziehung der Kapitel
speziell auf das Abendmahl nicht allgemein ist. Loening will an
den Kultus überhaupt gedacht wissen. Das Danksagen im Gottesdienste reserviere Klemens gänzlich den Beamten, während zur
Zeit des Paulus noch jeder Gläubige das Recht des kultischen
Gebetes hatte (1. Kor. 11 ₄), und während selbst die — nach
Loening (S. 48 ff.) im letzten Viertel des 1. Jahrhunderts entstandene — Apostellehre die Freiheit der gewöhnlichen Gemeinde-
glieder nur insofern einschränkt, als sie feste Formen für ihre
eucharistischen Gebete vorschreibt[3]).

Wenden wir uns den Worten des Klemens selbst zu!

Klemens beginnt das 40. Kapitel mit einem Hinweise auf die
„Tiefen göttlicher γνῶσις", in welche er und seine Leser einen
Einblick[4]) gewonnen haben. Es kann keine Frage sein, dass

---

1) Lipsius (p. 116 f.) und Gundert (a. a. O.) halten einen Zusammenhang derselben mit den in 1. Kor. 11 erwähnten Misshelligkeiten
für möglich.

2) Aehnlich Lightfoot S. 126: „The offence of the Corinthians
was contempt of ecclesiastical order. They had resisted and rejected
their lawfully oppointèd presbyters; and — as a necessary con-
sequence — they held their agapae and celebrated their eucharistic
feasts, when and where they chose, dispensing with the intervention
of these their proper officers.

3) Vgl. Loening S. 87 ff. 52.

4) Zu ἐγκεκυφότες s. Lightfoot S. 126.

eben die nachfolgende Ausführung über den alttestamentlichen
Kultus die γνῶσις bringt, von der er redet. Das beweist schon
41₄. Hier heisst es: ὁρᾶτε, ἀδελφοί. ὅσῳ πλείονος κατηξιώθημεν
γνώσεως, τοσούτῳ μᾶλλον ὑποκείμεθα κινδύνῳ¹). Diese Worte
weisen deutlich auf den Anfang von c. 40 zurück und charak-
terisieren sich obendrein noch durch das ὁρᾶτε, ἀδελφοί nach
der Gewohnheit²) des Klemens als Abschluss der ganzen Episode.
Es ist nun wichtig, sogleich festzustellen, dass man an den Ausdruck γνῶσις³) keine bestimmte Erwartung über den Umfang der
zwischen Alttestamentlichem und Christlichem gezogenen Parallele
anknüpfen darf. Indem man nämlich für jeden Zug des vom
Alten Testamente Gesagten ein christliches Analogon sucht, geht
man stillschweigends von der Ansicht aus, dass Klemens unter
γνῶσις eine Erkenntnis verstehe, welche in einer bis ins Einzelne
durchgeführten Typologie verläuft. Aber ein Präjudiz hierfür ist
nicht vorhanden. Sicher ist zunächst nur, dass γνῶσις die Erkenntnis des göttlichen Willens aus dem Alten Testamente bedeutet. Und wenn hier von βάθη τῆς γνώσεως geredet wird, so
ist auch damit noch nichts weiter gesagt, als dass die hier vorgetragene Erkenntnis nicht jedem auf den ersten Blick deutlich
ist. Beispiele sorgfältig durchgeführter Typologien oder Allegorien
bietet der Brief sonst nicht. In den angezogenen alttestamentlichen Geschichten kommt es durchweg auf einen bestimmten,
einfachen Gedanken an. Breite Mitteilung alttestamentlichen
Stoffes liebt der Verf.; wie behaglich wird noch c. 43, d. h. in
derjenigen Partie, wo der Verf. am meisten Erregung zeigt, die
Geschichte von Aarons Stabe erzählt!

Klemens geht nur in einem Satze zu wirklicher Anwendung
des alttestamentlichen Vorbildes auf die christliche Gemeinde über,
mit den Anfangsworten von c. 41: ἕκαστος ἡμῶν ... ἐν
τῷ ἰδίῳ τάγματι εὐχαριστείτω κτλ. Offenbar hat das ἐν τῷ
ἰδίῳ τάγματι eine Beziehung darauf, dass zuvor dem Hohenpriester,
den Priestern, den Leviten, den Laien besondere Funktionen bezw.
Gebote zugewiesen sind. Insoweit es sich also um die Ordnung in

---

1) In diesem Satze sind eigentlich zwei Gedanken zusammenge-
schoben. Kl. hat 41₂ (cf. 40₄) von der Todesstrafe gesprochen, die
das jüdische Recht über die Verletzer der Kultusvorschriften verhänge.
Offenbar in der Absicht, anzudeuten, dass die, welche in der christlichen Gemeinde der Anordnung Gottes nicht gehorsamen, für ihre
Versündigung ebenfalls Strafe ereilen wird. Mit diesem Gedanken verbindet sich der andre, dass die Erkenntnis des göttlichen Willens
Vorbedingung und Mass für die Strafbarkeit des Verhaltens ist. Daher:
je grösser die Erkenntnis, desto grösser die Gefahr.
2) Das ὁρᾶτε (ἀγαπητοί, ἀδελφοί) ist konklusive Formel auch 4, 12₂
16₁₇ 23₄ 50₁ (anders 21₁).
3) Mehr über γνῶσις unten Abh. II.

der Gemeinde überhaupt handelt, ist die beabsichtigte Parallele
deutlich. Dagegen weisen die einzelnen alttestamentlichen Klassen
nicht auf ebenso viele christliche Analoga. Die Gleichung:
Hoherpriester, Priester, Leviten, Laien = Christus[1]), Presbyter
(Episkopen), Diakonen, Gemeinde ist namentlich in ihrem ersten
Gliede anfechtbar. Der Verf. nennt allerdings Christus einige
Male ἀρχιερεύς, c. 36 sogar ἀρχιερεὺς τῶν προσφορῶν ἡμῶν,
d. h. der Gebetsopfer. Der Gedanke selbst, dass Christus die in
der Eucharistie gesprochenen Gebete als Hoherpriester vor Gott
bringe, hätte also nichts Befremdliches. Auch kann an c. 21
erinnert werden, wo Christus als Herr und Haupt der Gemeinde
mit den verschiedenen Gemeindeständen (προηγούμενοι etc.) in
eine Reihe gestellt wird. Aber 1) Klemens giebt keinerlei Fingerzeig, dass er an etwas anderes als an den alttestamentlichen
Hohenpriester denkt, und bei einem Schriftsteller wie Klemens
ist eher zu erwarten, dass er solche Beziehungen, die er doch
als kostbar betrachten würde, ausdrücklich kenntlich macht, als
dass er sie erraten lässt. 2) Der Gedanke an Christus liegt dem
Zusammenhange fern. 8) 41₂, wo des Hohenpriesters abermals
Erwähnung geschieht, in den Worten μωμοσκοπηθὲν τὸ προσφε-
ρόμενον διὰ τοῦ ἀρχιερέως καὶ τῶν προειρημένων λειτουργῶν, ist
sicher nicht an Christus gedacht. 4) c. 37 werden vier Namen
von Befehlshabern im Heere genannt, ohne dass irgend eine andere
Einteilung der Gemeinde vorschwebte als diejenige in Beamte
und Laien. Lightfoot sagt mit Recht, dass gar kein Grund ist,
an unserer Stelle eine bestimmtere Korrespondenz als an dieser
anzunehmen[2]). Von Christus ist also nicht die Rede. Aber auch
die Deutung der Leviten auf die Diakonen und damit der Priester
auf die Episkopen ist unsicher. Für jenes kann sprechen, dass
die Dienste der Leviten διακονίαι genannt werden, ein Beweis
ist das nicht[8]). Man muss erwägen, dass Diakonen bisher im
Briefe noch nicht genannt sind, dass wir nicht wissen, ob die
Diakonen damals öfter mit den Leviten verglichen wurden.
Aber wenn Klemens diese Parallele auch im Gedanken lag —
möglich ist es —, keinesfalls kam es ihm doch darauf an, zu
zeigen, wie genau die Gliederung der christlichen Gemeinde dem
Vorbilde des A. T. entspreche, sondern darauf, die Regel festzustellen, dass jeder seine Lektion lerne. Der Unterschied der

---

1) Diese Deutung hat auch Harnack zu 40₁ übernommen. Ebenso
Loening S. 88 Anm. 1. Der von ihm ausgesprochene Gedanke, die An-
knüpfung für das von Klemens Gesagte sei in Röm. 15₁₆ gegeben, liegt
doch sehr fern.

2) S. 128 f.

8) Vgl. z. B. den Ausdruck διακονία τῆς ἐπισκοπῆς bei Herm. Sim.
IX 27₂ und Ignat. ad Philad. 1.

Beamten überhaupt und der Gemeinde ist sicher das eigentlich Wichtige.

Eine andere schwache Stelle der Erklärung von Lipsius liegt in dem, was über den Ort der Opfer (c. 41) gesagt wird. Gleiches hat schon Höfling [1]) gegenüber der Döllingerschen [2]) und überhaupt katholischen Erklärung geltend gemacht. In den Worten: οὐ πανταχοῦ . . . προσφέρονται θυσίαι . . . ἀλλ' ἢ ἐν Ἱερουσαλὴμ μόνῃ · κἀκεῖ δὲ οὐκ ἐν παντὶ τόπῳ προσφέρεται, ἀλλ' ἔμπροσθεν τοῦ ναοῦ πρὸς τὸ θυσιαστήριον — fehlt jede Hindeutung auf ein entsprechendes Christliche. Dass ohne solche der Leser unter Jerusalem sofort das christliche Versammlungshaus, unter dem Ort des Opfers im Tempel gar den Tisch in jenem Hause verstehen soll, ist eine so wunderliche Annahme, dass man nur auf sie verfallen kann, wenn es priori feststeht, dass jede Bemerkung eine Beziehung enthält.

Die Worte, welche in c. 40 von den gottesdienstlichen Zeiten handeln, sind den Worten über die Kultusstätte parallel. Wie die, welche im A. T. die letztere Ordnung übertreten, mit dem Tode bedroht sind, so sind die dem Herrn gefällig, die sich genau an die Zeiten halten (40 4) [3]).

Diese Worte enthalten eine besondere Schwierigkeit, die wir zu lösen suchen müssen, um den Sinn des Ganzen klar zu stellen. Im Anfang von c. 40 heisst es: πάντα τάξει ποιεῖν ὀφείλομεν, ὅσα ὁ δεσπότης ἐπιτελεῖν ἐκέλευσεν κατὰ καιροὺς τεταγμένους · τάς τε προσφορὰς καὶ λειτουργίας ἐπιτελεῖσθαι, καὶ οὐκ εἰκῇ ἢ ἀτάκτως ἐκέλευσεν γίνεσθαι, ἀλλ' ὡρισμένοις καιροῖς καὶ ὥραις. Wie hier der erste Satz lautet, spricht er aus, dass wir (Christen) das in Ordnung zu vollbringen schuldig sind, was der Herr (im A. T.) zu festgesetzten Zeiten zu thun befohlen hat. Das klingt so, als komme es Klemens ganz besonders darauf an, dass den alttestamentlichen Opferzeiten genau fixierte Zeiten des christlichen Gottesdiensts entsprechen. Allein die Verbindung der Worte κατὰ καιροὺς τεταγμένους mit dem Vorhergehenden unterliegt Bedenken.

Ist sie richtig, so ist ein Doppeltes möglich. Entweder werden die Worte τάς τε προσφορὰς καὶ λειτουργίας ἐπιτελεῖσθαι als Abschluss des ersten Satzes unmittelbar zum Vorangehenden

---

1) A. a. O. S. 15 ff.
2) Döllinger, Die Eucharistie in den 3 ersten Jahrhunderten. Mainz 1826 S. 101 f.
3) Diese Bemerkungen beziehen sich trotz der Präsentia (cf. das Präsens προσφέρεται 41₂, aus dem nicht gefolgert werden darf, dass der Tempel damals noch bestand) ohne Zweifel zunächst auf die Beachtung der alttestamentlichen Vorschriften, natürlich aber mit Hinblick auf die Verächter kirchlicher Ordnung.

gezogen [1]). Dann hängen sie von ὀφείλομεν ab. Hiegegen spricht
aber, 1) dass dann kurz nach einander zwischen dem Aktiv ἐπιτελεῖν und dem Medium ἐπιτελεῖσθαι ohne ersichtlichen Grund
gewechselt wird, 2) dass die Hinzufügung von τάς τε προσφοράς
. . . ἐπιτελεῖσθαι nichtssagend wäre; denn der ganze Zusammenhang zeigt, dass es Klemens nicht auf die Ausrichtung von Opfern
und Diensten überhaupt, sondern auf die bestimmte dabei zu
beachtende Ordnung ankommt. Oder jene Worte werden zum
Folgenden genommen [2]) und von ἐκέλευσεν abhängig gemacht.
Dann gilt die letztere Bemerkung ebenfalls; man erwartet zu
ἐπιτελεῖσθαι eine Adverbialbestimmung, welche angiebt, wie die
Opfer vollzogen werden sollen. Dass das folgende οὐκ εἰκῇ ἢ
ἀτάκτως ja diese bringe, darf man nicht einwenden; denn das
Inkonzinne liegt eben darin, dass Klemens zunächst überhaupt
noch von der Anordnung von Opfern und Diensten im Allgemeinen redet, nachdem schon das κατὰ καιροὺς τεταγμένους
gezeigt hat, dass von gar nichts anderm die Rede sein soll.
Ueberdies wie hart ist die Konstruktion!

Schon die syrische Version hat, offenbar um dieser Schwierigkeit willen, eine Textveränderung vorgenommen: sie lässt das
ἐπιτελεῖσθαι καί fort, sodass τάς τε προσφορὰς καὶ λειτουργίας
direkt an οὐκ εἰκῇ herantritt. In anderer Weise hilft Lightfoot [3]),
er konjiziert nicht ohne Feinheit, dass vor ἐπιτελεῖσθαι ein ἐπι-
μελῶς ausgefallen sei. Beides doch immer gewaltsame Eingriffe
in den Text, die man ungern billigen wird. Auch der Vorschlag
von K. Schmidt [4]), gleich hinter ὀφείλομεν einen Punkt zu setzen
und mit ὅσα einen neuen Satz beginnen zu lassen, kann schon
darum nicht ernstlich in Betracht kommen, weil die Auseinander-
reissung von πάντα und ὅσα unnatürlich ist. So werden wir auf
die Interpunktion der älteren Herausgeber [5]) verwiesen, welche
mit ἐκέλευσεν den ersten Satz schliessen, mit κατὰ καιροὺς τεταγμένους den zweiten beginnen lassen. Es ist dann zu lesen: πάντα
τάξει ποιεῖν ὀφείλομεν, ὅσα ὁ δεσπότης ἐπιτελεῖν ἐκέλευσεν. Κατὰ
καιροὺς τεταγμένους τάς τε προσφορὰς καὶ λειτουργίας ἐπιτελεῖσθαι
καὶ οὐκ εἰκῇ ἢ ἀτάκτως ἐκέλευσεν γίνεσθαι, ἀλλ᾽ ὡρισμένοις καιροῖς καὶ ὥραις. Gewiss, auch so entbehrt der Satz der Glätte:

---

1) So Hilgenfeld.
2) So meistens.
3) S. 127 f. Append. S. 432.
4) Zeitschr. f. luth. Theol. und Kirche 1878 S. 667.
5) Z. B. Cotelier, Clericus. Dieselbe Interpunktion auch bei Höfling
S. 8. Das Einzige, was gegen sie eingewandt werden kann, ist, dass
schon Clemens Alex., welcher Strom. IV₁, (p. 618) den ersten Satz
zitiert, ihn mit κατὰ καιροὺς τεταγμένους beschliesst. Allein dies kann
nicht massgebend sein. Vgl. auch Potters Note z. St.

das κατὰ καιρ. τεταγμ. wird mit dem ὡρισμ. καιροῖς κ. ὥραις alsbald wiederholt. Irgend ein Ungeschick wird jedoch auf alle Fälle zurückbleiben, und dies ist das geringste. Der Satz ist wenigstens grammatisch korrekt, und die hölzerne Wiederholung lässt sich aus dem Nachdruck begreifen, der gerade auf dem Zusatze liegt. Entscheidend ist, dass sich die ganze Periode so wirklich sinnvoll gestaltet. Der eine Gedanke, auf den es Klemens abgesehen hat, ist der der festbestimmten Ordnung[1]). Dieser Gedanke wird gleich im ersten Satze klar, einfach und in der Allgemeinheit, die man erwartet, — denn auf die Ordnung der Zeiten legt der Verf. kein grösseres Gewicht als auf die andern Punkte — an die Spitze gestellt: „Wir sind verpflichtet alles in gehöriger Ordnung zu thun, was uns der Herr zu vollbringen geboten hat"[2]). Dann aber werden die einzelnen Punkte angeführt, hinsichtlich deren Ordnung geboten ist. Das κατὰ καιροὺς τεταγμένους erhält auf diese Weise einen Platz, welcher seiner Bedeutung im Zusammenhange wie dem sachlichen Parallelismus zu dem folgenden ποῦ τε καὶ διὰ τίνων vortrefflich entspricht.

Die Meinung der ganzen Stelle lässt sich daher so ausdrücken. Gott hat im A. T. über Zeit, Ort und Ausrichter der Opferdienste Verfügungen erlassen. Dies ist auch für die Christen geschrieben. Haben sie es also ebenfalls mit bestimmten Personen, Zeiten, Orten im Kultus zu thun, so finden für sie die alttestamentlichen Gebote sinngemässe Anwendung. Keineswegs handelt es sich aber um eine genaue Nachbildung des alttestamentlichen Vorbilds, die einzelnen Bestimmungen sind nicht Statute für die Christen.

Es ist daher ganz verfehlt, aus unserer Stelle zu folgern, dass man in Korinth sich auch von den üblichen Zeiten des Gottesdienstes emanzipiert und eine beliebige Erbauungstätte gewählt habe. Nicht mit Beziehung auf die Gegner gedachte Klemens speziell auch der Vorschriften über Ort und Zeit der Opfer, wie denn gerade bei diesen Punkten eine Anwendung auf die Leser fehlt. Er hätte alles gesagt, worauf es ihm im Grunde ankam,

---

1) Ordnung ist das Stichwort des ganzen Kontextes: vgl. c. 37: πῶς εὐτάκτως — ἕκαστος ἐν τῷ ἰδίῳ τάγματι; c. 40: τάξει — κατὰ καιροὺς τεταγμένους — ἀτάκτως (s. auch προστεταγμένοις καιροῖς — προστέτακται — προστάγμασιν); c. 41: ἐν τῷ ἰδίῳ τάγματι und noch 42₂: ἐγίνοντο οὖν ἀμφότερα εὐτάκτως ἐκ θελήματος θεοῦ. 2) Richtig haben den Sinn d. St. getroffen Höfling a. a. O., bes. S. 17 f., Ritschl, Entstehung der altkath. Kirche² S. 361 f., Weizsäcker, das apost. Zeitalter S. 489: „. . . dass die Verfassung der Kirche und ihre Rechte auf das analoge Recht der Priesterordnung in dem Sinne begründet wird, dass überhaupt die Notwendigkeit einer Ordnung zu erkennen ist".

wenn er nur auf die Verschiedenheit in den Pflichten und Rechten der Personen hinwies. Aber weil er den Gedanken, dass Ordnung notwendig sei, recht anschaulich zum Ausdruck bringen wollte, war es ihm willkommen, das Schema: Zeit, Ort, Personen dem Alten Testamente entnehmen zu können und nach diesem Schema seinen Gedanken zu illustrieren. Aus demselben Grunde begnügte er sich nicht zu sagen, dass die Opfer nur in Jerusalem zu bringen seien, sondern fügte hinzu, dass in Jerusalem auch die Stätte wieder fest vorgeschrieben sei.